BARRINGTON BARBER

CW01671572

12 LEÇONS POUR APPRENDRE À *dessiner*

MARABOUT

Cet ouvrage a été publié pour la première fois en Angleterre
sous le titre *Drawing Class* par Arcturus Publishing en 2009.
© Arcturus Holding Limited
© Hachette Livre (Marabout) pour la traduction
et l'adaptation française, 2015
Dépôt légal : novembre 2018

Isbn : 978-2-501-10405-0
50-2234-7/09

Adaptation : Dominique Montembault
Mise en pages : Else

Imprimé par Unigraf en Espagne en juin 2022

PAPIER À BASE DE
FIBRES CERTIFIÉES

MARABOUT
s'engage pour l'environnement
en réduisant l'empreinte carbone
de ses livres.
Celle de cet exemplaire est de :
2500 g éq. CO_2
Rendez-vous sur
www.marabout-durable.fr

SOMMAIRE

INTRODUCTION

Apprendre à dessiner, c'est facile. Tout le monde apprend à marcher, parler, lire et écrire dès sa plus tendre enfance et ces facultés sont plus complexes que la découverte du dessin ! Dessiner consiste à tracer des formes sur du papier afin de représenter une expérience visuelle. Pour bien dessiner, il suffit de le désirer, de faire preuve d'un peu de persévérance, d'observation et de prendre le temps de corriger toutes ses erreurs. Ce dernier point est essentiel, car les erreurs ne sont pas mauvaises. Elles sont autant d'occasions de s'améliorer, à condition de les corriger, afin de savoir quoi faire la prochaine fois.

Une grande partie des exercices proposés ici s'inspirent des techniques traditionnelles employées par les étudiants en art et les artistes professionnels. Avec un peu d'application de votre part, ils vous feront faire de nets progrès. Une pratique régulière et des exercices répétés feront de vous un dessinateur chevronné, et vous verrez alors votre talent s'épanouir. Ne vous laissez pas décourager par la difficulté, car avec un peu de volonté et beaucoup de pratique rien n'est insurmontable. C'est une forme d'apprentissage, même si cela n'est pas toujours facile. Le plus important est que vous vous entraîniez régulièrement et que vous corrigiez toujours vos erreurs dès que vous les repérez. Soyez patient avec vous-même. Le temps passé à améliorer vos dessins n'est pas du temps perdu.

Travaillez en groupe autant que possible, car c'est aussi un facteur de progrès. En dépit des apparences, le dessin n'est pas une discipline solitaire, car vos œuvres sont destinées à être vues et appréciées des autres. Montrez vos dessins et écoutez les commentaires qui en sont faits. Ne vous contentez pas d'accepter ou de rejeter en bloc les compliments et les critiques, mais demandez-vous si les autres ont vu quelque chose que vous n'aviez pas remarqué. Positives ou négatives, les critiques n'ont d'intérêt que lorsqu'elles vous aident à voir vos dessins de façon plus objective. Même si, au début, l'opinion d'un artiste plus expérimenté vous sera d'une aide précieuse, vous devez devenir votre propre critique et savoir évaluer les qualités et les défauts de vos dessins sans la moindre concession.

Parlez avec des artistes si vous en avez l'occasion. Fréquentez des lieux d'exposition et admirez le travail des grands maîtres des siècles passés ou des artistes contemporains. Ces expériences vous aideront dans votre travail. Ce livre vous montrera le chemin vers des dessins réussis, mais c'est à vous de déterminer quelles sont vos faiblesses et vos qualités, afin de corriger les premières et de renforcer ces dernières.

L'application et la ténacité font plus que le talent, alors ne baissez pas les bras. Le dessin vous offrira une infinie satisfaction, même si vos œuvres ne finissent pas au Louvre. Faites-vous plaisir !

Barrington Barber

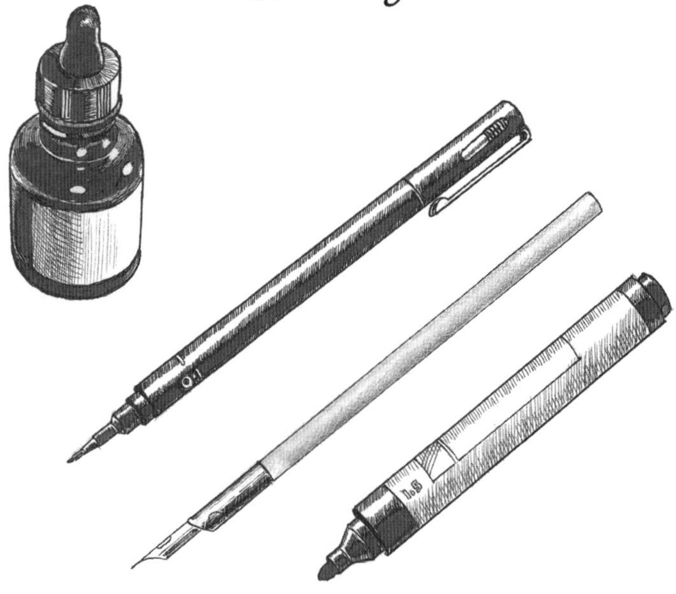

LEÇON 1

EXERCICES DE BASE : LIGNE, FORME ET TEXTURE

Cette leçon est surtout destinée à ceux et à celles qui n'ont pas l'habitude de dessiner, mais même les dessinateurs plus expérimentés y trouveront de bons exercices pour se préparer aux leçons suivantes. L'objectif principal est de travailler les techniques de base nécessaires pour dessiner un sujet avec un minimum de ressemblance. Quel que soit votre niveau, il est toujours utile de s'entraîner à tracer des formes, car c'est l'essence même du dessin.

Les exercices de ce chapitre consistent à tracer des traits, à créer des dégradés, des textures et enfin des formes simples. Ces dernières demandent une certaine maîtrise du crayon et vous ne perdrez jamais votre temps en faisant ce type d'exercice. Nous aborderons également les principes de base de la perspective et la création des volumes.

Vous serez ensuite invité à dessiner les contours d'objets qui vous entourent, pour vous familiariser au dessin d'après nature. C'est là que l'artiste affine sa technique, et c'est un exercice auquel tout bon dessinateur doit régulièrement se soumettre. Les derniers exercices vous montreront comment donner de la texture aux objets que vous dessinez, pour les rendre plus réalistes.

LE TRAIT

Ces exercices s'adressent en priorité aux débutants, mais ils seront aussi utiles aux dessinateurs plus expérimentés. Il est toujours bénéfique de s'entraîner. Une pratique quotidienne permet d'entretenir sa dextérité, aussi, plus vous ferez ce genre d'exercices, meilleur sera le niveau de coordination entre votre main et votre regard et plus vos dessins seront réussis. Ne négligez pas les qualités esthétiques de ces petits exercices. Essayez de les grouper et de les disposer de façon harmonieuse sur le papier.

Exercice I

Gribouillez dans tous les sens. Limitez le tracé à une zone définie, en tâchant de lui donner une texture satisfaisante.

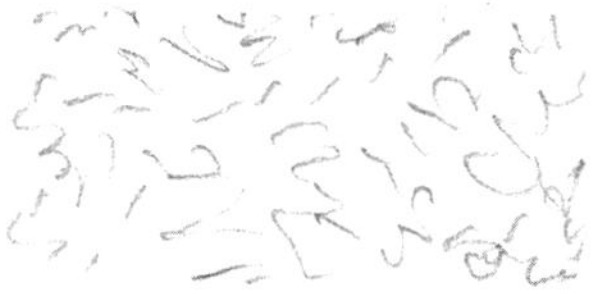

Ensuite, remplissez une zone prédéfinie de petits traits saccadés, en faisant en sorte qu'ils ne se chevauchent pas et en maintenant un écart régulier entre eux.

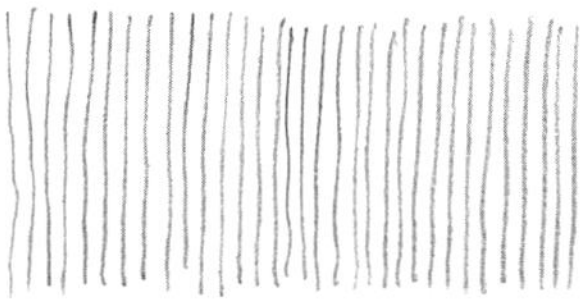

Pour ce motif plus uniforme, tracez des rayures de longueur égale et aussi droites que possible, à intervalles réguliers. Répétez ces trois exercices.

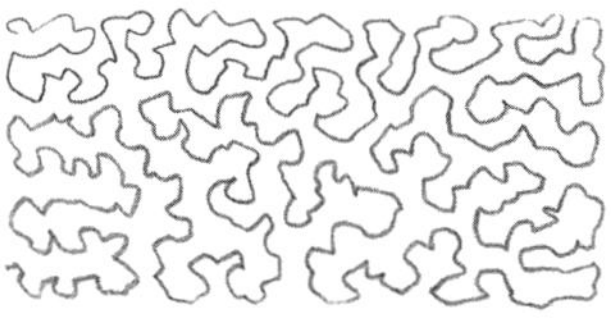

Tracez une ligne sinueuse et continue en faisant en sorte qu'elle ne se recoupe jamais. Cela peut paraître obsessif, c'est une des étapes vers le tracé de formes reconnaissables.

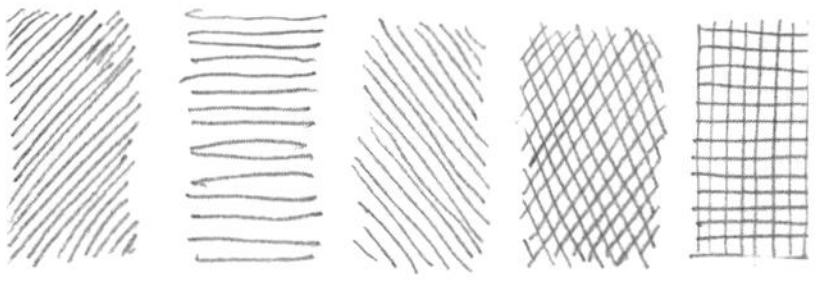

Créez différents types de rayures contenues dans des rectangles imaginaires en dessinant des traits droits et régulièrement espacés. Tracez d'abord des diagonales du coin inférieur gauche au coin supérieur droit, puis des horizontales et des diagonales du coin supérieur gauche au coin inférieur droit. Formez ensuite des quadrillages en croisant les diagonales puis en croisant des traits horizontaux et verticaux.

Pour vous entraîner aux formes circulaires, dessinez des spirales. Partez de l'extérieur vers l'intérieur, de gauche à droite puis de droite à gauche, en serrant de plus en plus les traits. Faites de même de l'intérieur vers l'extérieur, de gauche à droite puis de droite à gauche.

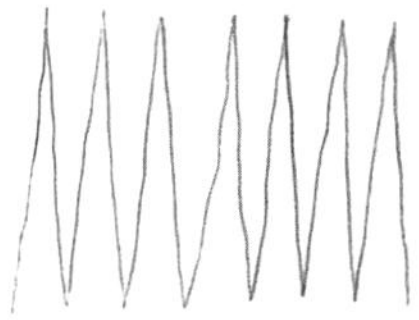

Faites des zigzags verticaux.

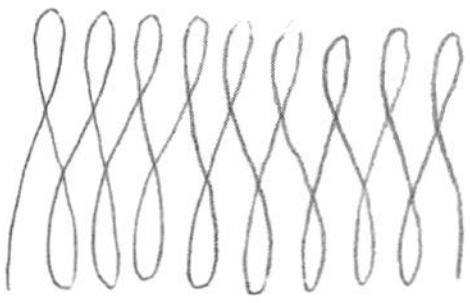

Faites des zigzags, mais avec des boucles.

Noircissez une zone définie en frottant la mine de haut en bas et de bas en haut.

Continuez de noircir la même zone avec des traits horizontaux cette fois.

Enfin, ajoutez une troisième et une quatrième couches dans le sens des deux diagonales.

Exercice 2

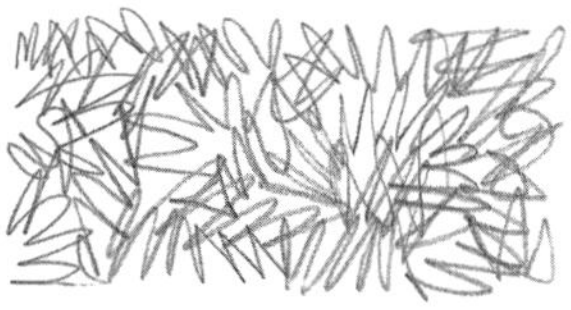

Remplissez une zone prédéfinie de zigzags continus et entrecroisés.

Remplissez la zone de boucles qui se chevauchent.

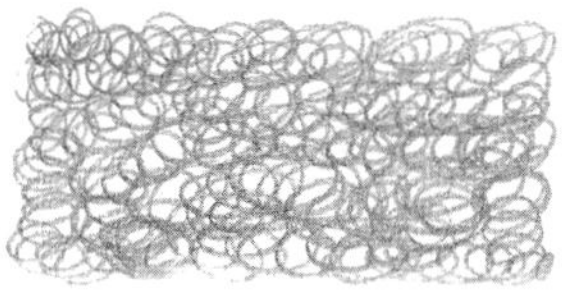

Faites des sortes de nuages superposés, mais composés d'un seul trait continu.

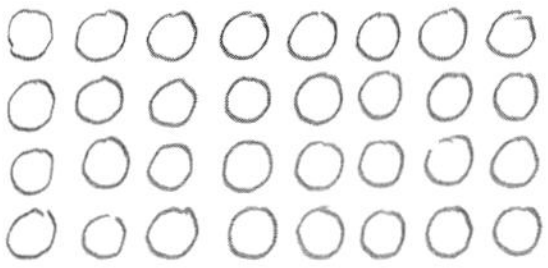

Dessinez plusieurs rangées de petits cercles soigneusement alignés.

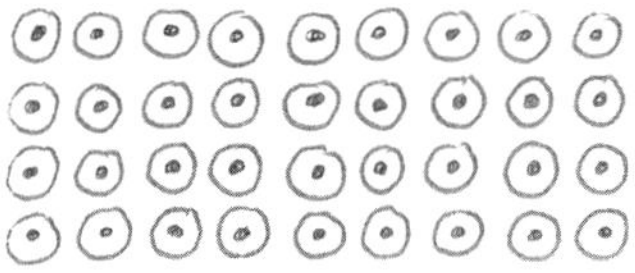

Ajoutez un point au centre de chaque cercle.

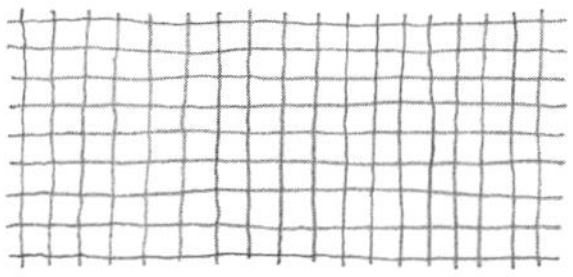

Tracez soigneusement des lignes horizontales et verticales, pour former un quadrillage régulier.

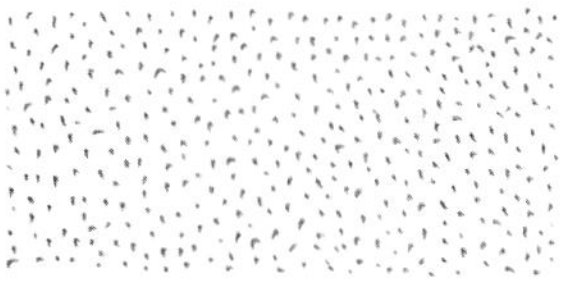

Remplissez la zone de petits points répartis de façon régulière. L'objectif est d'exercer à la fois la main et l'œil. L'espacement des points est donc aussi important que leur tracé.

Dessinez plusieurs rangées de petits carrés aussi réguliers et carrés que possible, en les alignant verticalement et horizontalement.

Cet exercice est un peu plus difficile. Dessinez des rangées de triangles emboîtés les uns dans les autres, en les espaçant de façon régulière et en les alignant horizontalement et verticalement.

Dessinez des spirales reliées les unes aux autres, comme des sortes de vagues. En dessous, dessinez des rangées de plus petites vagues, aussi régulières que possible.

Les exercices suivants mettent l'accent sur la légèreté du trait et la maîtrise de la direction du crayon.

Dessinez une forme circulaire à l'aide de hachures très serrées, sans trop appuyer.

Selon la même technique, dessinez un carré composé de hachures horizontales.

Répétez l'exercice, avec des hachures verticales.

Faites à présent des hachures en diagonale, penchées vers la gauche.

Toujours en diagonale, commencez en appuyant sur le crayon, pour obtenir une teinte foncée, puis relâchez progressivement la pression afin de créer un dégradé.

Créez une série de zones ombrées identiques en commençant le long d'une simple courbe, de manière à en souligner le contour.

Ombrez le contour d'un zigzag.

Ombrez le contour d'une courbe en S.

Tracez un cercle et ombrez l'intérieur et l'extérieur des bords opposés.

Enfin, faites de même avec deux cercles imbriqués l'un dans l'autre.

LES FORMES DE BASE

Les premiers exercices au crayon s'apparentent plutôt à du griffonnage. Cette étape est un peu plus conceptuelle, car elle consiste à réfléchir à une forme avant d'essayer de la dessiner.

Exercice I

Tout d'abord, sans trop réfléchir, tracez un cercle aussi régulier que possible. Ensuite, fermez les yeux et imaginez un cercle parfait. Vous serez surpris par la différence entre ce que l'esprit peut concevoir et ce que l'on dessine.

Faites un nouvel essai en traçant d'abord un cercle au compas, sans appuyer, puis en repassant le contour à main levée, pour vous familiariser avec cette forme. Grâce à ce type d'exercice, vous tracerez bientôt de plus beaux cercles à main levée.

À présent, essayez le triangle équilatéral (à trois côtés égaux). Moins facile qu'il n'y paraît, n'est-ce pas? Mais là encore, il existe une technique infaillible: tracez un cercle au compas puis dessinez un triangle au centre, de sorte que tous les angles touchent le cercle.

Vous savez sûrement qu'un carré a 4 côtés de même longueur et 4 angles droits, mais cela n'est pas toujours évident à reproduire sur papier. L'astuce, ici, consiste à mesurer les côtés.

Il est moins facile de dessiner un carré posé sur un coin, car l'œil est moins habitué à cette disposition en losange. Vous aurez sûrement plus de mal à obtenir des côtés de même longueur.

Passons à des formes un peu plus complexes. Le but est d'apprendre à votre œil, à votre cerveau et à votre main à coopérer, pour vous aider à progresser.

Commencez par dessiner une étoile à 5 branches sans lever la pointe du crayon. Le plus simple est de dessiner à l'intérieur d'un cercle, de sorte que toutes les pointes touchent le cercle. Essayez aussi sans le cercle.

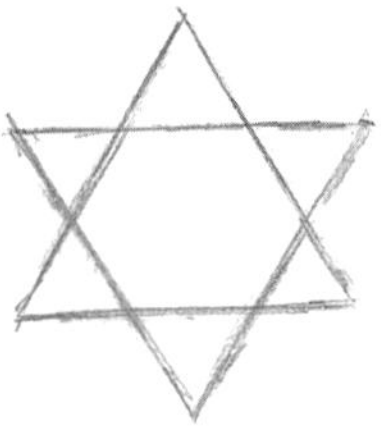

Ensuite, dessinez une étoile à 6 branches. Autrement dit, 2 triangles équilatéraux superposés.

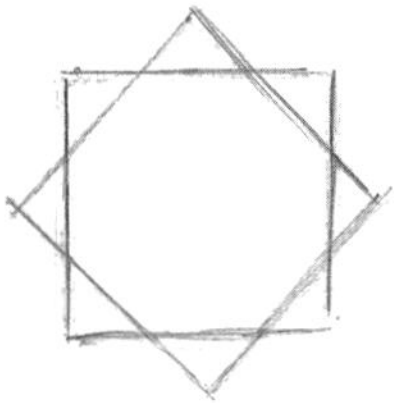

Dessinez une étoile à 8 branches. Autrement dit, 2 carrés superposés.

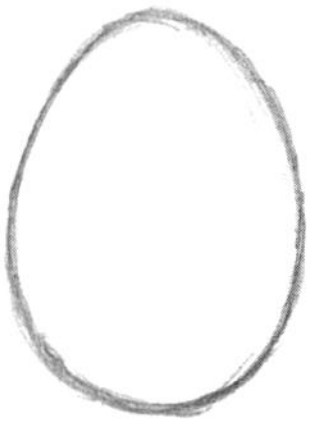

À présent, essayez de dessiner un œuf. Il s'agit d'un ovale avec un bout plus pointu que l'autre. Placez le bout le plus large en bas.

Le croissant est lui aussi bien plus difficile à dessiner qu'il n'y paraît, mais le secret consiste à se rappeler que la courbe est en fait un arc de cercle. Essayez à main levée, puis aidez-vous d'un compas.

Exercice 2

Dans cet exercice, nous verrons comment créer l'impression de volume de façon conventionnelle. Il s'agit en fait d'un effet de perspective approximatif, semblable à la façon dont nous percevons les formes dans l'espace.

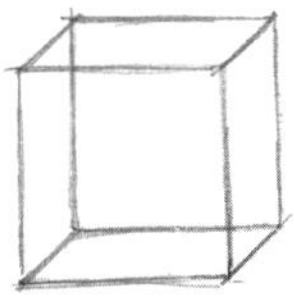

Dessinez un carré, puis un autre de mêmes dimensions mais légèrement décalé en hauteur et en largeur. Tracez des lignes droites pour relier les angles deux à deux et créer une sorte de cube transparent.

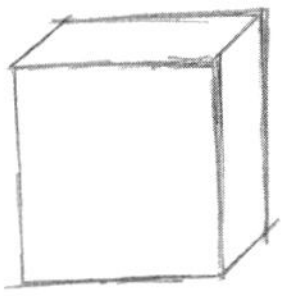

Cette figure est similaire à la précédente, mais seules 3 lignes relient les angles des carrés, de manière à créer un effet opaque et non transparent.

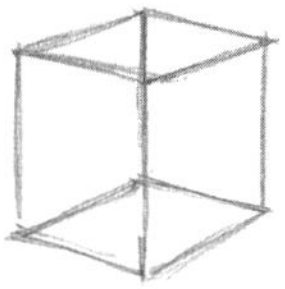

Voici une autre technique de représentation du cube. Dessinez un parallélogramme aplati, comme un losange couché, puis tracez des lignes verticales partant de chacun des angles, jusqu'aux angles d'un second parallélogramme, situé juste en dessous.

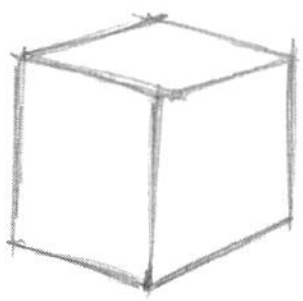

Faites la même chose, mais en ne traçant que 3 lignes verticales et 2 des côtés du parallélogramme du bas, pour créer un effet opaque.

Dessinez un cylindre. Commencez par une ellipse (un cercle aplati) puis tracez 2 lignes parallèles verticales, partant de chaque extrémité, jusqu'à une ellipse similaire située juste en dessous.

Répétez l'exercice, mais sans dessiner le bord supérieur de l'ellipse du bas, pour donner l'impression d'un tube opaque.

Recommencez, mais dans le sens inverse, en omettant le bord inférieur de l'ellipse du haut. On a alors l'impression que le cylindre est vu d'en bas.

À présent, passons aux cônes. Tracez 2 lignes convergentes partant d'une base en forme d'ellipse.

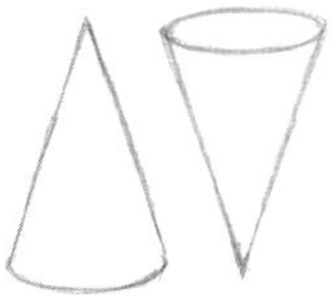

Répétez l'opération en omettant un des bords de l'ellipse, puis en faisant pointer le cône vers le bas.

Exercice 3

Avec un peu de pratique, ces exercices ne vous poseront plus aucune difficulté. La prochaine étape vous montrera comment ombrer les formes sphériques, cubiques, cylindriques et coniques.

Commencez par dessiner un cercle aussi parfait que possible. Ombrez très légèrement la moitié gauche du cercle. Appliquez une ombre plus intense en forme de croissant sur la partie inférieure gauche du cercle, en laissant une fine marge le long du bord. Il s'agit du reflet qu'on observe généralement autour de la zone la plus obscure d'une sphère. Ajoutez l'ombre portée au sol, à gauche de la sphère, en estompant les traits au fur et à mesure que vous vous éloignez de la sphère.

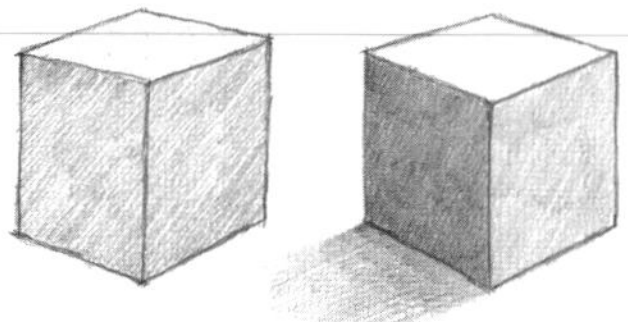

Pour le cube, appliquez une valeur assez soutenue sur la face gauche, puis une valeur uniforme mais beaucoup plus claire sur l'autre face verticale. Il ne manque plus que l'ombre portée, identique à la précédente, mais de forme plus carrée.

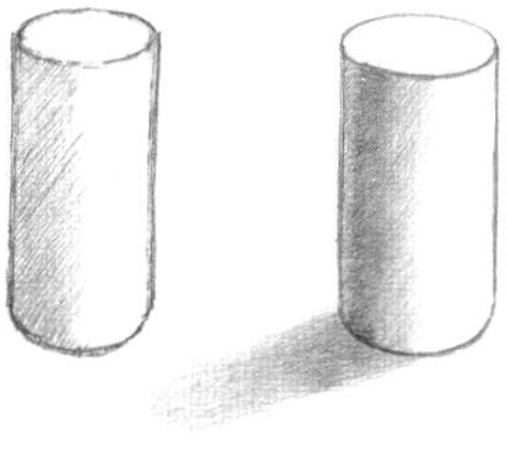

Procédez pour le cylindre comme pour la sphère, mais en plaçant l'ombre uniquement sur la surface verticale. Créez une zone plus sombre à proximité du bord gauche.

Pour le cône, tenez aussi compte de la forme fuselée, qui a aussi une incidence sur la forme de l'ombre portée.

DESSINS SIMPLES

Observons quelques motifs inspirés des végétaux. Il s'agit là encore de formes élémentaires, mais plus élaborées, représentant des choses que vous pourriez observer à la campagne ou dans votre jardin.

Exercice 1

Tracez un petit cercle et 5 traits en étoile, puis ajoutez les pétales autour de ces petits traits. Vous obtenez une fleur.

La forme suivante se construit de la même manière, mais avec 6 pétales pointus.

Dessinez un petit cercle entouré de 4 fins pétales, un en haut, un en bas, un à gauche et un à droite. Complétez avec 4 autres pétales placés en diagonale. Comblez les espaces avec des portions de pétale et terminez avec un dernier rang de pétales partiellement visibles.

Pour la rose Tudor, faites un petit rond central et 5 petits groupes de traits disposés autour en étoile. Autour de ce motif, dessinez une rose à 5 pétales légèrement recourbés et ajoutez une petite feuille partant du milieu de chaque pétale. Terminez par un dernier rang de pétales intercalés entre les feuilles.

La dernière fleur rappelle un chrysanthème, avec de nombreux pétales longs, fins et pointus, rattachés à un point central.

Passons aux plantes à tige. Ces dessins vous aideront à mieux comprendre la façon dont poussent les végétaux. Le premier dessin se compose simplement d'une tige droite dotée d'une feuille à son extrémité et de petites branches portant une feuille chacune, avec de grosses feuilles au centre de la tige centrale et de plus petites feuilles en bas.

La tige est droite, mais les branches forment des boucles. Les branches du haut et du bas sont assez simples et celles du centre, plus complexes. Toutes les branches ne bouclent pas dans la même direction. Soyez inventif et variez les combinaisons.

La tige centrale est plus robuste, avec une base plus large et un sommet en pointe. Les branches aussi sont plus larges à la base et ornées de fines branches pointant dans toutes les directions. Essayez de conserver le même motif de base pour toute la plante.

Le dernier dessin est similaire au précédent, mais avec des formes courbes. Commencez par le tronc central et ajoutez les branches latérales avant de dessiner les branches plus fines. Amusez-vous et faites preuve d'imagination.

Exercice 2

Intéressons-nous à présent à la tête, à la main et au pied humains. Comme pour les plantes, ces dessins sont schématiques, mais ils vous donneront une bonne idée des formes et des proportions des extrémités du corps.

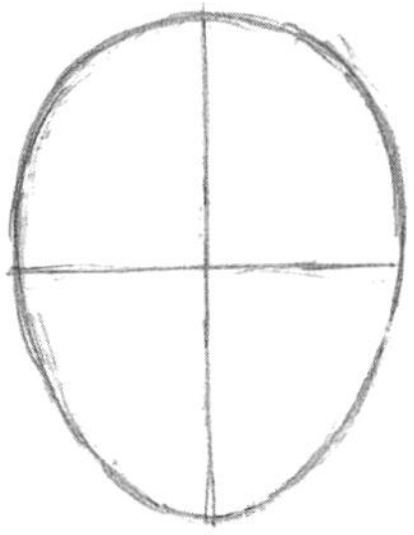

Dessinez une forme ovale, comme un œuf à l'envers, et divisez-le en quatre comme indiqué ci-contre.

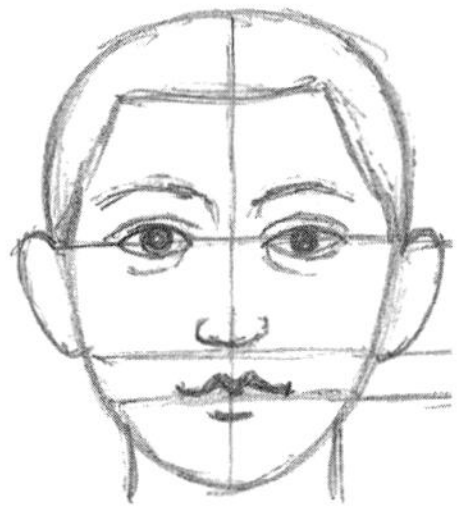

Quand la tête est droite et face à vous, les yeux se situent à mi-hauteur. En général, le bout du nez est à mi-hauteur entre les yeux et la pointe du menton. La bouche se situe dans le tiers supérieur de la portion comprise entre le nez et le menton. L'écart entre les yeux et celui entre l'œil et le côté du visage équivalent à peu près à la largeur d'un œil.

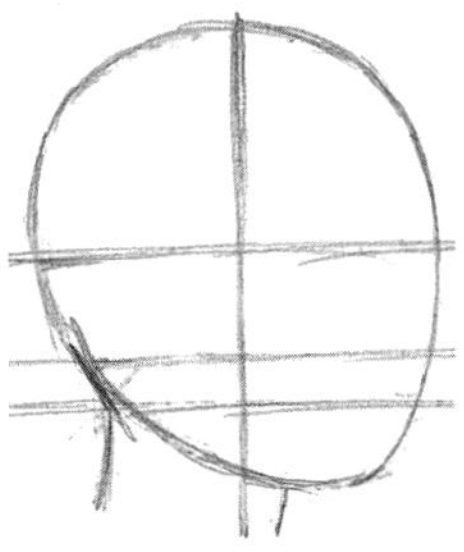

Vue de profil, la tête est aussi large que longue. Divisez-la en quatre et placez l'oreille à gauche de l'axe vertical.

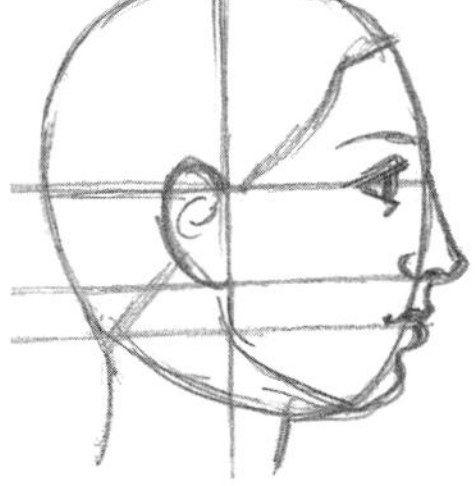

Le nez, la bouche et le menton dépassent de l'ovale. La longueur de l'oreille correspond à l'écart entre le sourcil et la pointe du nez. Observez la forme de l'œil vu de profil.

La main est de forme rectangulaire : la paume est plus ou moins carrée et les doigts font à peu près la même hauteur que la paume. Tracez un axe central, qui se situera entre le majeur et l'annulaire. Le bout des doigts est légèrement plus fin et le majeur est généralement le doigt le plus long, suivi de l'index ou de l'annulaire, puis de l'auriculaire.

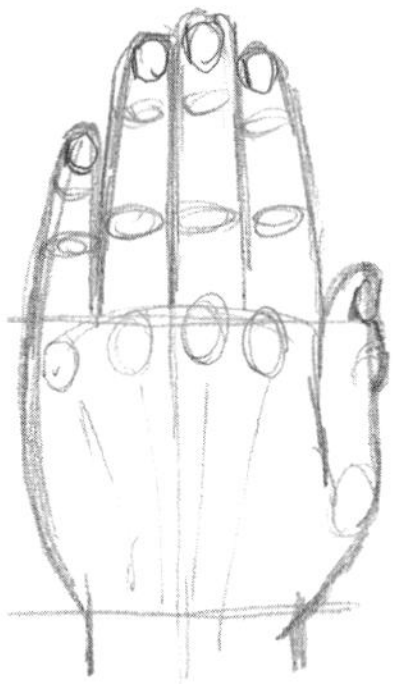

Bien qu'il fasse à peu près la même longueur que l'auriculaire, le pouce paraît beaucoup plus court que lui, car il est plus bas sur la paume. Observez votre main, les articulations sur le dos de la main et les paumes plus charnues.

Le pied est plus simple à dessiner, surtout de profil. Les orteils sont fléchis et le plus souvent de taille décroissante, du gros orteil au petit orteil. Certaines personnes ont le deuxième orteil plus long que le premier, mais cela varie d'une personne à l'autre.

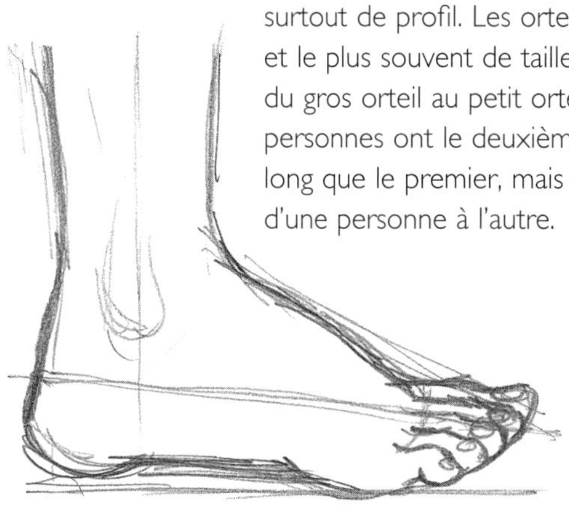

PERSPECTIVE SIMPLE

Pour créer une impression tridimensionnelle, il faut se familiariser avec la notion de perspective, qui permet de représenter la profondeur et l'espace de façon convaincante. Dans la vie de tous les jours, c'est ce qui nous permet d'évaluer la position des personnes et des objets les uns par rapport aux autres. Tout dessin qui se veut réaliste doit donc refléter cet effet de perspective.

Exercice 1

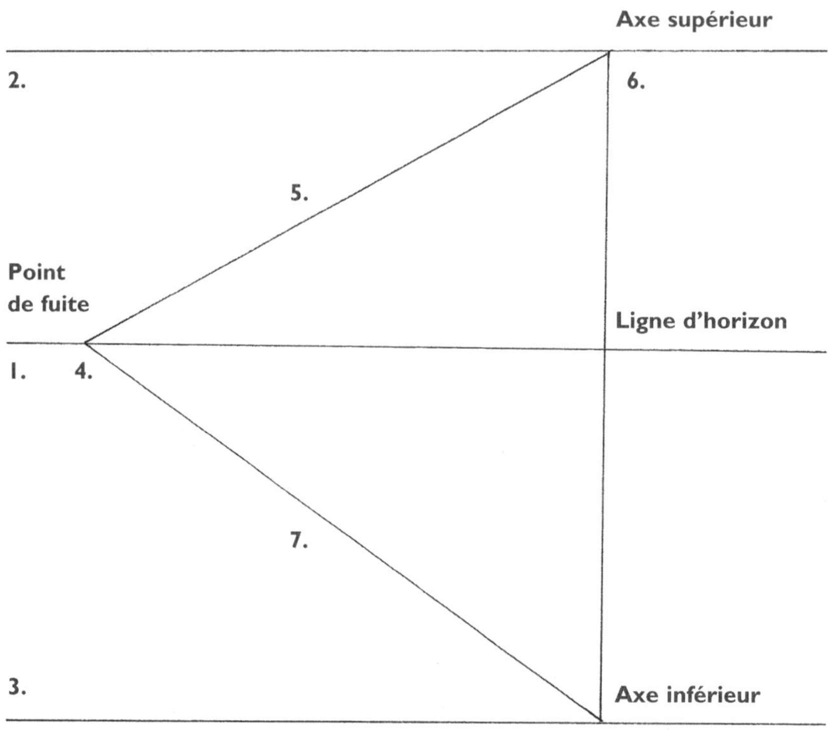

Tracez 3 lignes horizontales parallèles. Celle du milieu doit être un peu plus près de la ligne du haut. Cette ligne centrale **(1)** correspond à l'axe du regard, toujours assimilé à l'horizon. Les autres lignes sont les axes supérieur **(2)** et inférieur **(3)**.

Sur la droite, tirez un trait vertical entre les axes supérieur et inférieur **(6)**. Choisissez un point sur la ligne d'horizon puis tracez 2 lignes partant de chaque extrémité du trait vertical et convergeant vers ce point, le « point de fuite » **(4)**. Ces 2 lignes sont les lignes de perspective supérieure **(5)** et inférieure **(7)**. Vous obtenez alors un triangle reliant les 3 lignes parallèles horizontales et le trait vertical.

Tracez ensuite 2 nouvelles lignes verticales parallèles à la première, l'une à droite **(9)** et l'autre à gauche **(8)**. Cette dernière coupe les lignes convergeant vers le point de fuite.

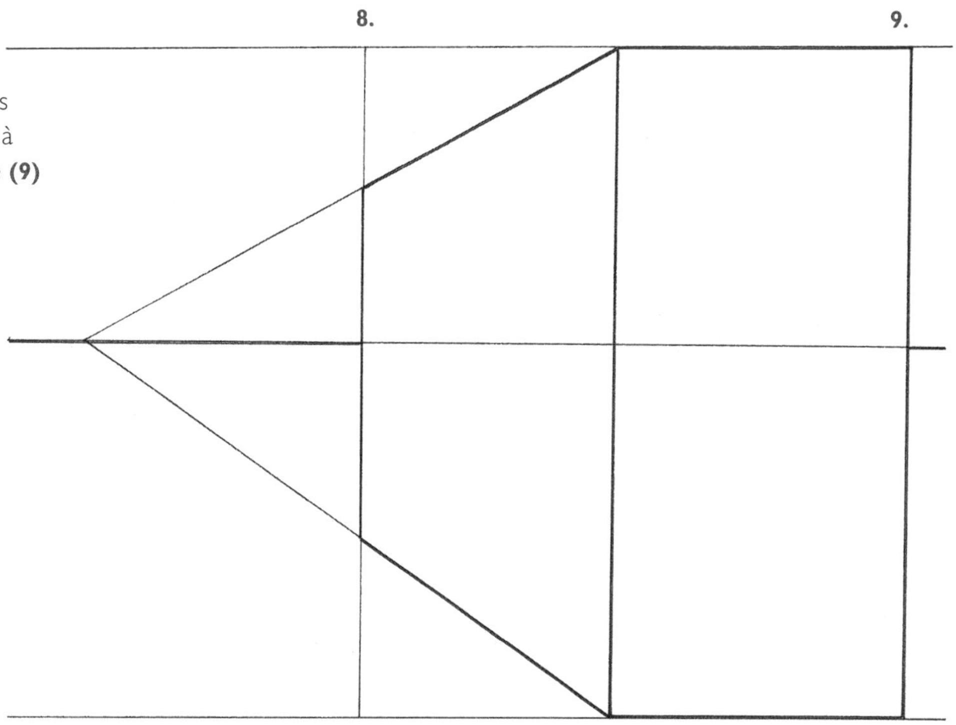

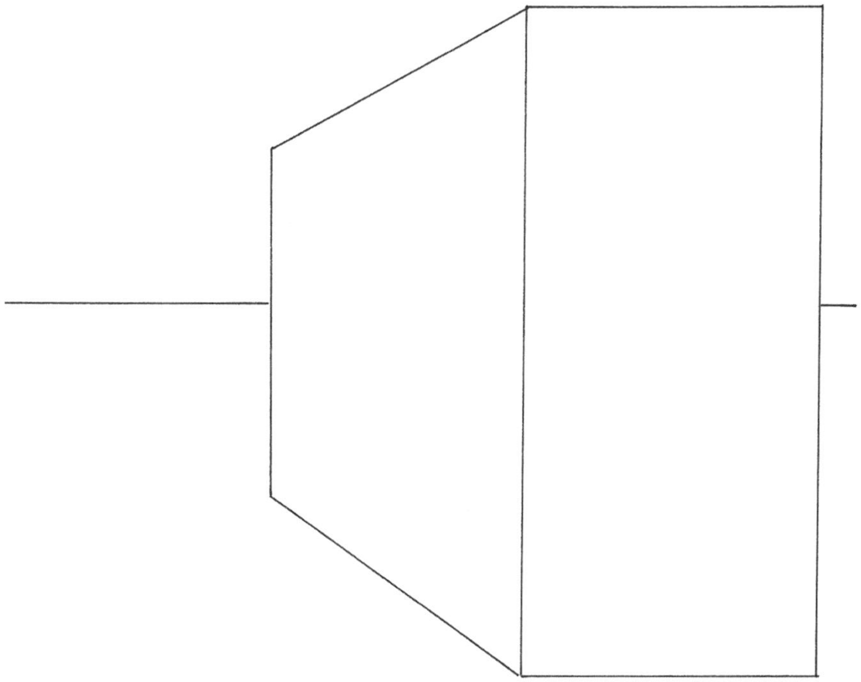

Vous pouvez gommer les traits de construction pour ne conserver qu'un bloc d'apparence opaque, semblable à une boîte ou à un bâtiment, et la ligne d'horizon située derrière l'objet. L'impression créée est celle d'un objet en volume représenté dans l'espace.

Exercice 2

Le prochain dessin vise à créer l'impression d'un objet dans un espace intérieur, tel qu'un buffet ou un plan de travail à l'intérieur d'une pièce. Pour cela, munissez-vous d'une règle, d'un crayon, d'une gomme et d'un peu de bonne volonté.

Tracez une ligne horizontale en travers de la page pour représenter l'horizon **(1)**. Placez le point de fuite dans la moitié gauche du trait **(a)**. Tracez les lignes de perspective supérieure **(2)** et inférieure **(3)**. À l'extrémité de la ligne de perspective inférieure, dessinez un carré **(4, 6, 8** et **9)** dont les côtés supérieur et inférieur sont parallèles à la ligne d'horizon. Reliez les 2 angles supérieurs du carré au point de fuite **(1A)**. Vous obtenez 2 nouvelles lignes de perspective **(5** et **7)**.

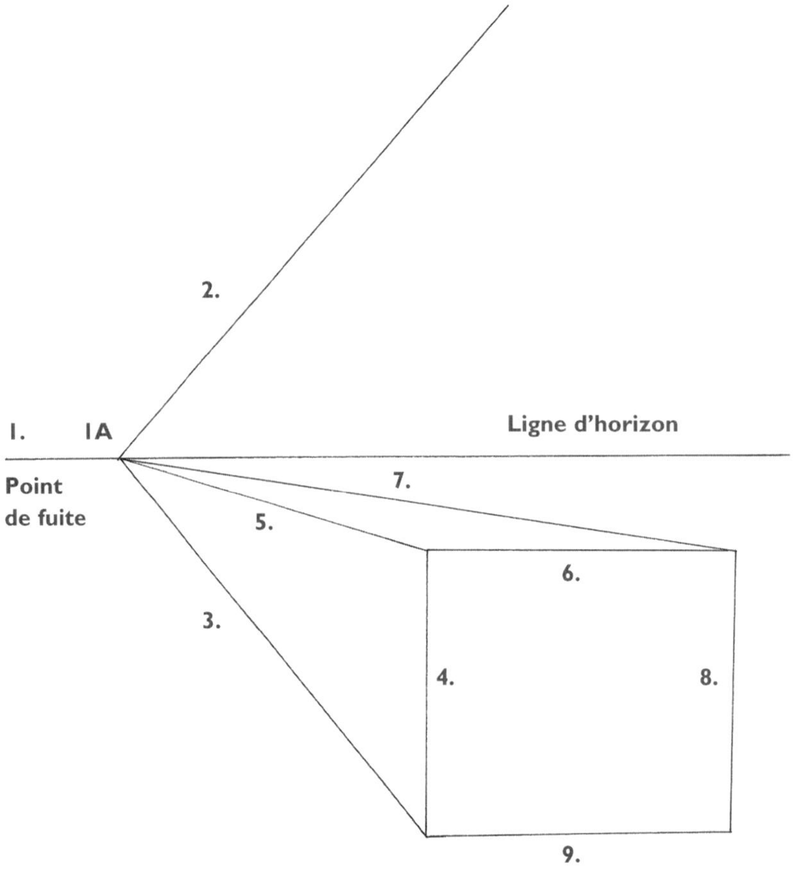

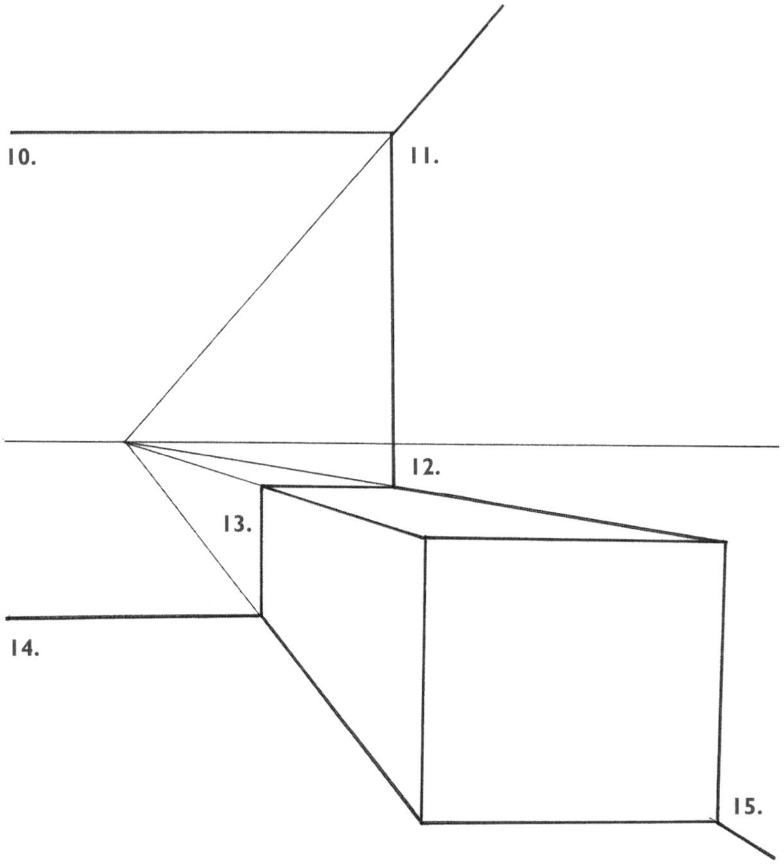

Tirez un trait vertical **(13)** et un trait horizontal **(12)** reliant les lignes de perspective et représentant le dessus et le côté du meuble. Pour compléter l'illusion d'espace intérieur, tracez une ligne horizontale **(14)** correspondant au pied du mur, une ligne verticale **(11)** à la jonction des 2 murs et, à l'intersection entre cette verticale et la ligne de perspective supérieure, une ligne horizontale **(10)** marquant la limite du plafond.

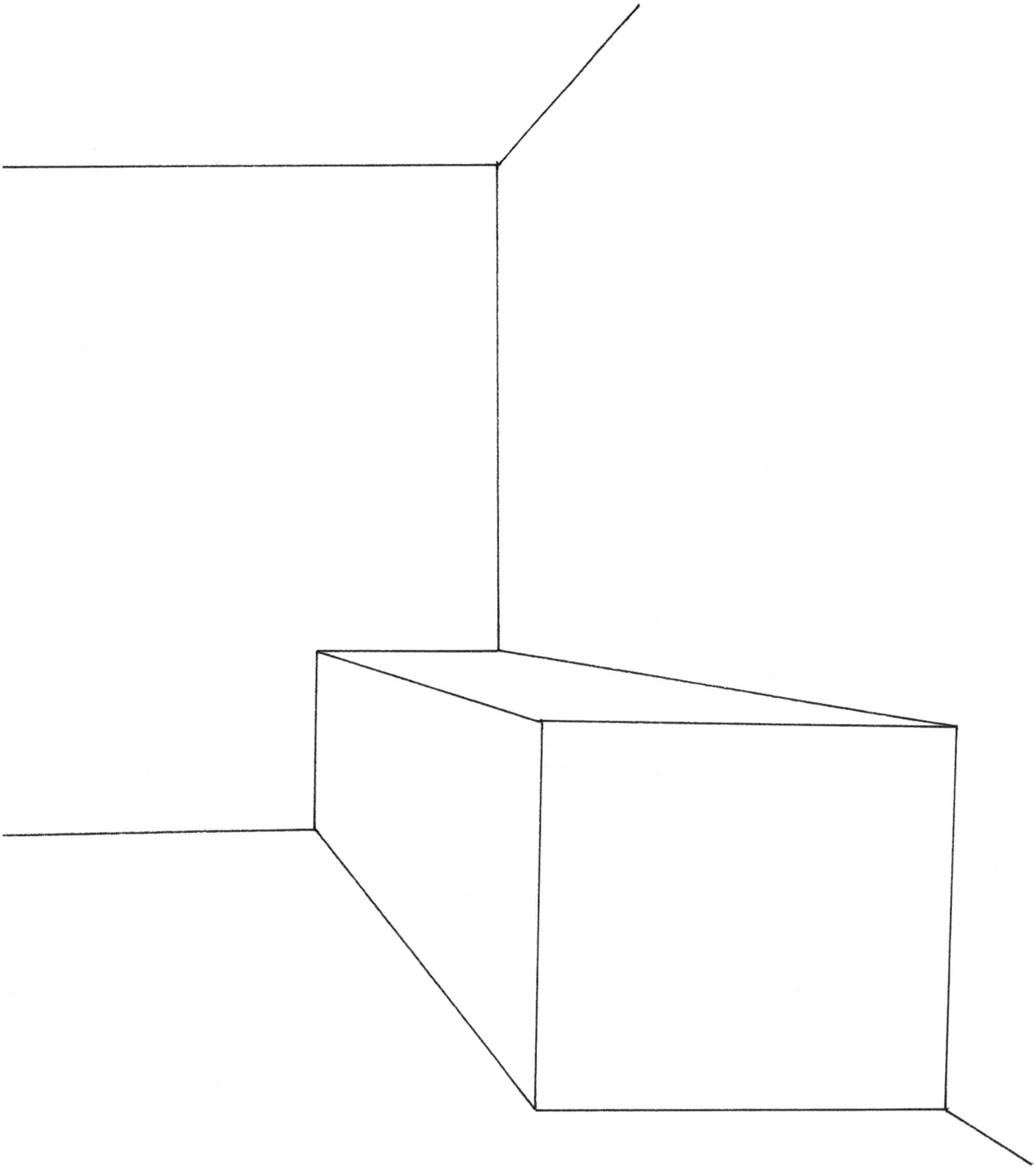

Finissez en gommant les traits de construction pour faire apparaître un meuble dans un espace intérieur.

OMBRES ET OBJETS

Les exercices suivants sont distrayants, alors essayez de les aborder de façon détendue. Ne serrez pas trop votre crayon, relâchez les épaules et ne collez pas le nez sur votre planche à dessin. Dessinez ce qui vous intéresse et n'ayez pas peur de vous tromper, mais corrigez vos erreurs au fur et à mesure. Disposez quelques objets du quotidien devant vous même si ceux que vous possédez dans vos placards ne sont pas parfaitement identiques aux objets présentés ici. Suivez les explications données en ayant sous les yeux l'objet que vous voulez dessiner.

Avant de commencer, observez bien chaque objet pour vous familiariser avec sa forme. Des objets transparents ont été utilisés pour les premiers exercices, car cela permet de mieux comprendre leur forme.

Exercice 1

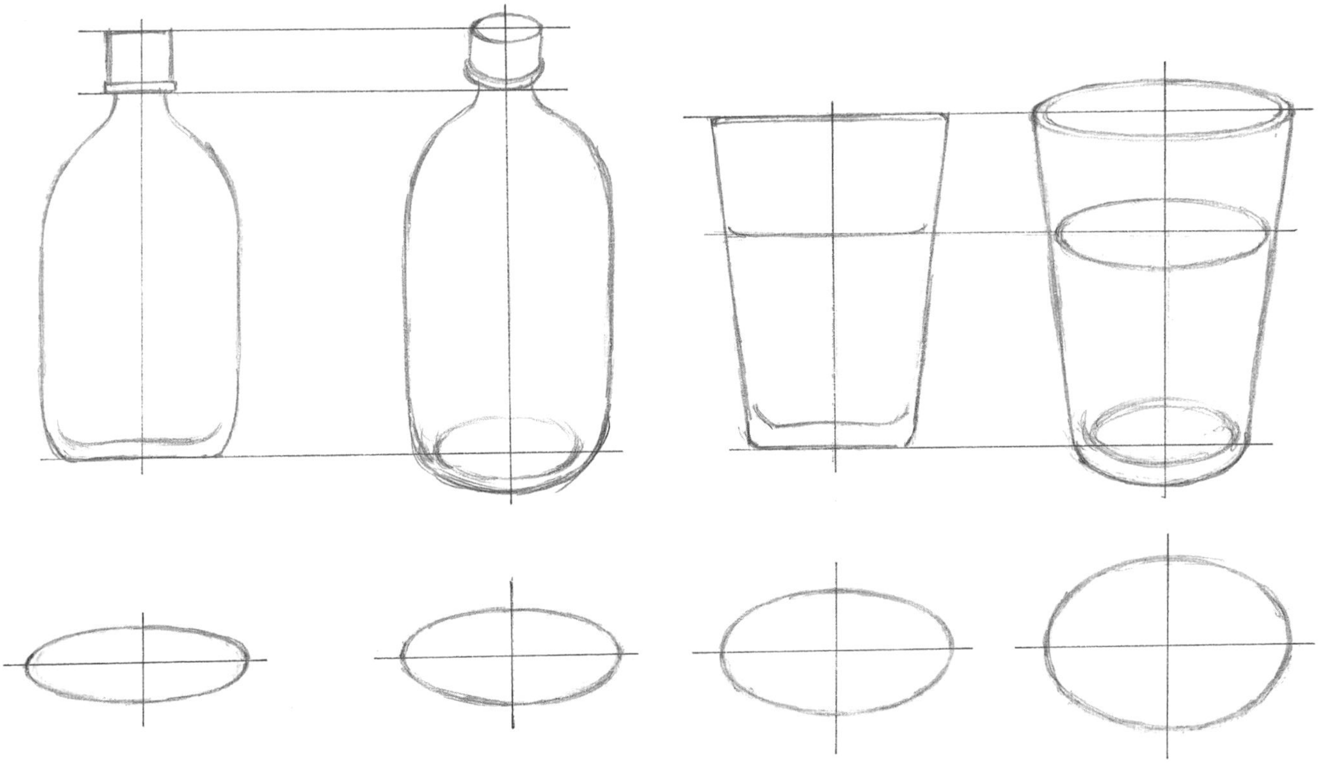

Le premier objet est une bouteille vue de côté. Comme celle-ci est parfaitement symétrique, il faut tracer l'axe central avant de dessiner les contours, y compris ceux du goulot, en veillant à la symétrie de l'ensemble.

Vues d'en haut, les courbes de la bouteille sont plus prononcées. il faut reproduire la forme elliptique que prennent les objets ronds vus de biais. Là encore, veillez à préserver la symétrie de part et d'autre de l'axe central.

Les ellipses sous les bouteilles montrent le degré de déformation d'un objet rond, en fonction de l'angle de vue. Plus l'objet est bas par rapport au regard, plus l'ellipse gagne en hauteur, alors que la largeur ne change pas. Ne vous laissez pas décourager par la difficulté, car à force de pratique, vous y parviendrez forcément.

L'objet suivant est un verre d'eau. Celui-ci est un peu plus facile à dessiner que la bouteille, car il a des bords droits. Dessinez-le d'abord de côté, puis vu d'un peu plus haut. Pour le deuxième dessin, vous dessinerez 3 ellipses: l'une pour le bord du verre, une autre pour la surface de l'eau et la dernière pour le fond du verre.

Le troisième objet, un verre de vin, est un peu plus compliqué. Vous devrez dessiner 3 ellipses de tailles différentes, tout en préservant la symétrie axiale. Prenez votre temps et amusez-vous à explorer les formes du verre.

Passons ensuite à une série d'objets opaques. Le bol vu de côté est assez simple à dessiner. Essayez de reproduire la courbe aussi fidèlement que possible puis passez à la vue du dessus. Cette fois, comme les parois ne sont pas transparentes, vous ne dessinerez qu'un des bords de l'ellipse du bas.

La tasse et la sous-tasse sont plus complexes, mais vous trouverez vite les formes adéquates. La vue du dessus est plus difficile à dessiner et, comme l'objet n'est pas transparent, vous aurez peut-être plus de mal à tracer les ellipses du bas.

Le broc, plus simple., conclut la série des premiers exercices pour que vous puissiez constater les progrès accomplis grâce aux dessins plus complexes qui ont précédé. Là encore, commencez par une vue de côté puis passez à la vue du dessus, plus naturelle.

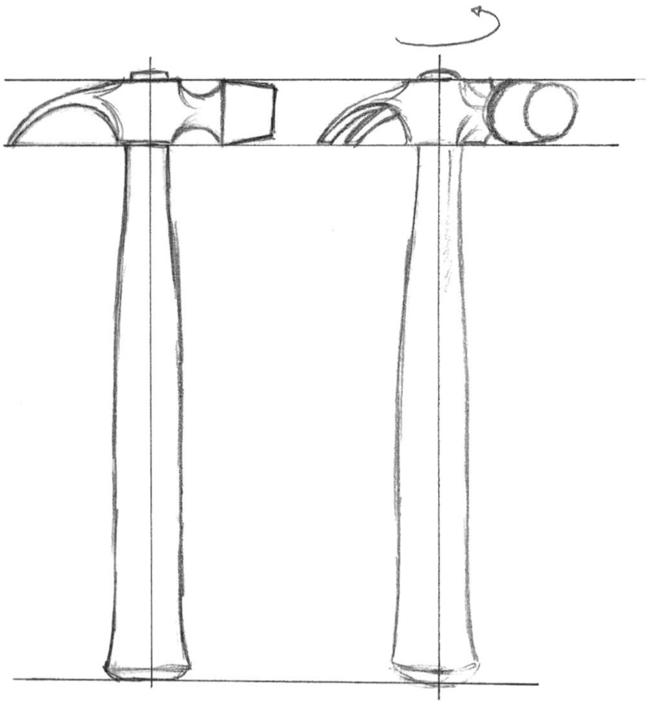

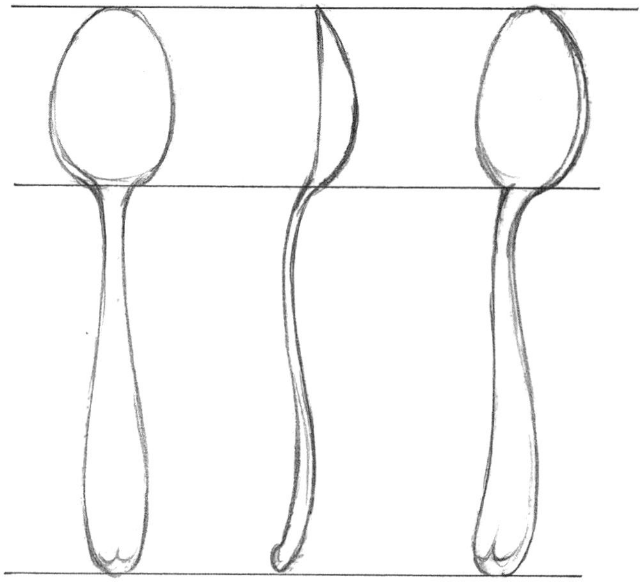

Exercice 2

Vous voilà prêt à passer à une série d'objets de difficulté variable. Le marteau est assez simple vu de côté, mais il l'est un peu moins vu de trois quarts.

Dessinez la cuillère de face et de côté avant d'essayer la vue de trois quarts, plus naturelle.

Le pot ne posera pas de difficulté majeure si vous avez déjà effectué tous les exercices précédents. La boîte est très simple à dessiner, mais attention à la troisième vue, où la perspective peut vous jouer des tours.

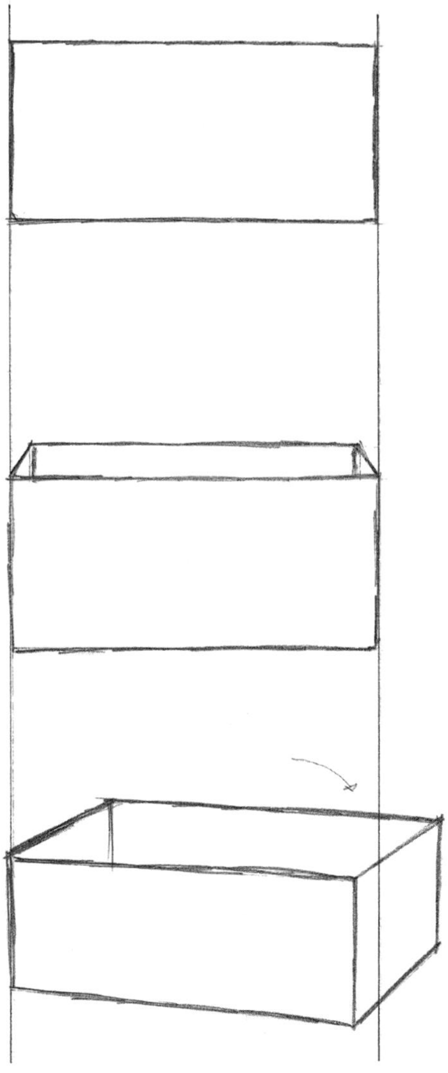

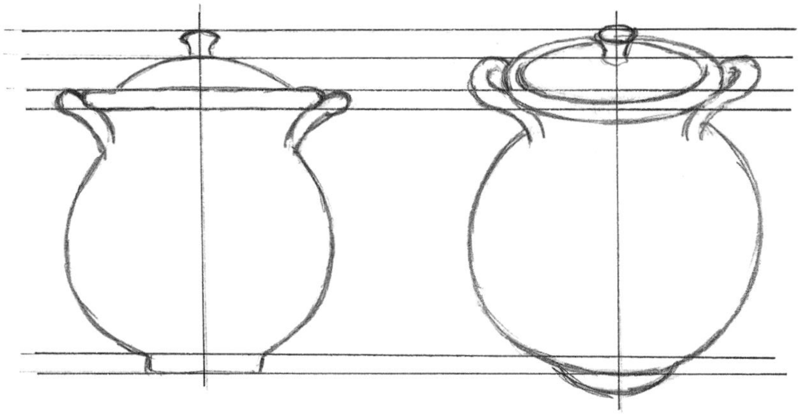

La casserole et la théière sont des sujets de difficulté variable, mais à présent ce type de dessin ne devrait plus vraiment vous poser de problème. Le travail sur cette série d'objets vise principalement à parfaire votre technique, en vous permettant d'en dessiner un maximum dans un temps imparti.

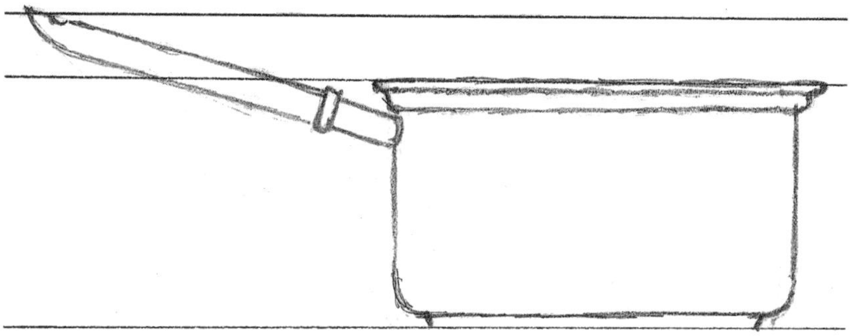

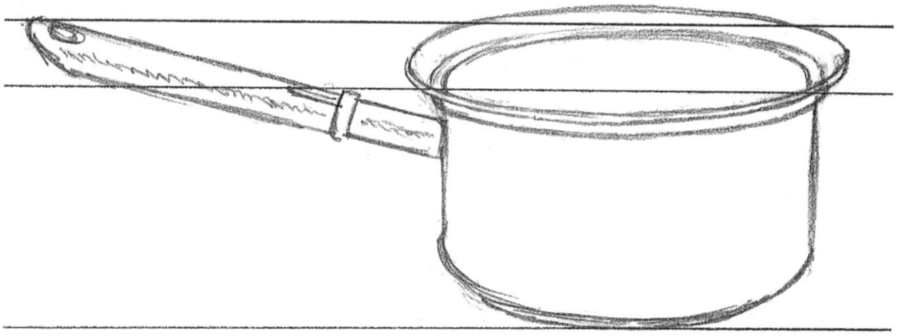

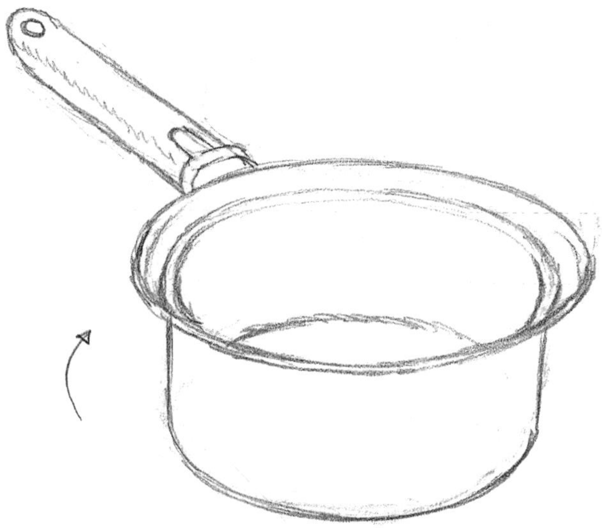

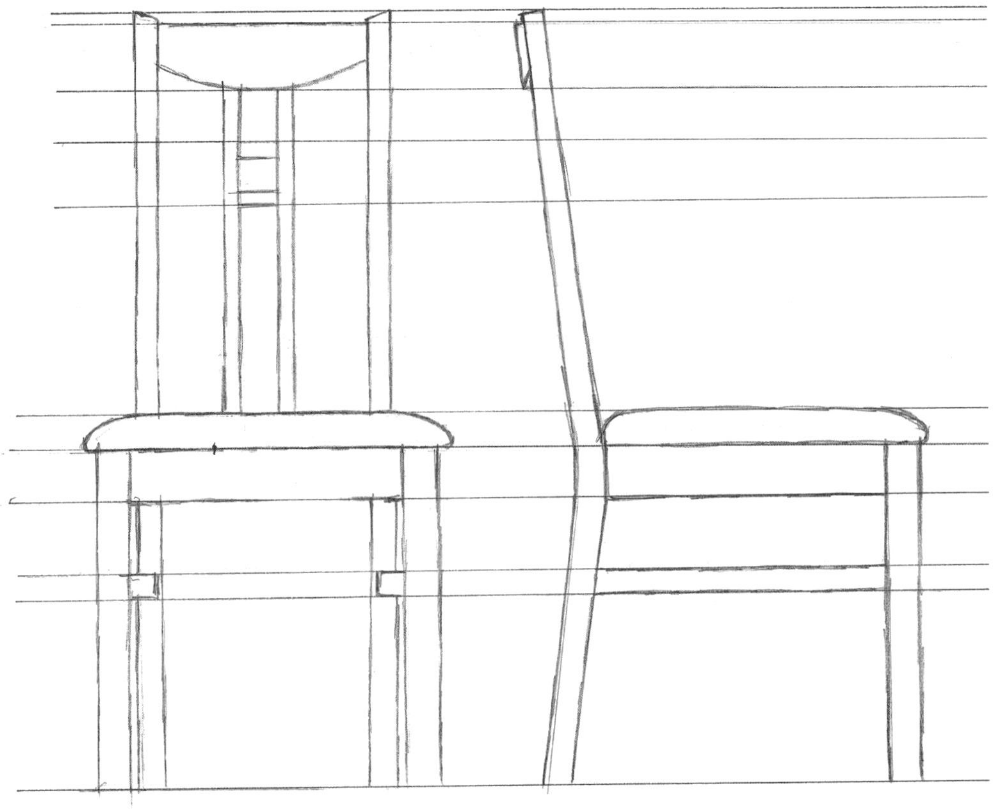

La chaise est plus compliquée qu'elle n'y paraît. Dessinez-la de face et de côté avant de passer à la vue de trois quarts. Pour vous faciliter la tâche, essayez de comprendre la façon dont elle est construite.

Exercice 3

Les objets suivants ont des contours assez simples, mais les différentes techniques d'ombres vont mettre en évidence leur volume et leur texture.

Commencez par dessiner les contours de l'objet aussi précisément que possible. Pour le livre, ajoutez simplement une ombre le long de la tranche pour en souligner la forme incurvée, ainsi que quelques hachures suggérant la masse compacte des pages, sans oublier la petite ombre portée pour ancrer l'objet sur une surface.

L'ombre à l'intérieur du pot doit être assez soutenue, pour suggérer l'idée de profondeur. Travaillez les valeurs à la surface du cylindre et terminez par une petite ombre portée.

Ombrez la pomme à l'aide de petits traits verticaux, du sommet vers la base, en insistant sur le côté gauche pour indiquer la direction de l'éclairage. Ajoutez une ombre portée et grisez légèrement le creux autour de la queue.

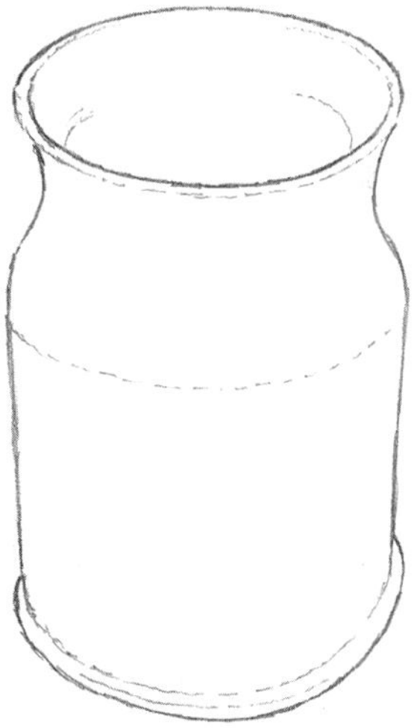

TEXTURES ET MATÉRIAUX

Cette partie a pour objectif de vous faire développer votre perception des matières et de vous aider à reproduire ces textures sur papier. Comme pour les exercices des pages 8 et 9, soignez aussi l'apparence globale de votre feuille d'exercices.

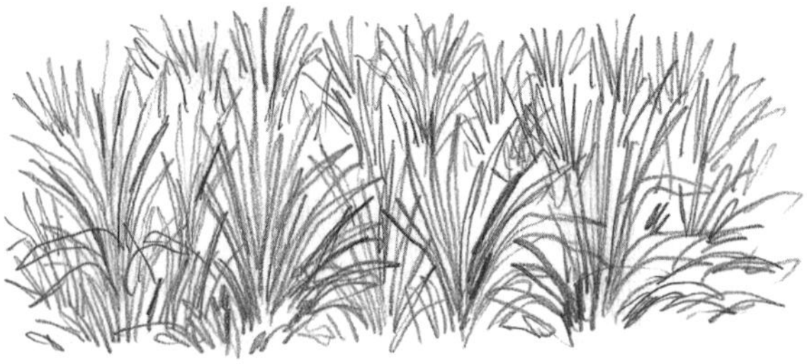

Herbe

Le premier dessin rappelle des touffes d'herbe. Autrement dit, il s'agit d'un motif conventionnellement employé pour représenter l'herbe et non une représentation d'après nature. Après avoir réalisé cette version stylisée, vous pouvez essayer de dessiner un vrai carré d'herbe.

Bois

À présent, essayez de représenter cette planche de bois, avec ses nœuds et ses lignes de croissance. Vous pouvez aussi prendre votre plancher comme modèle.

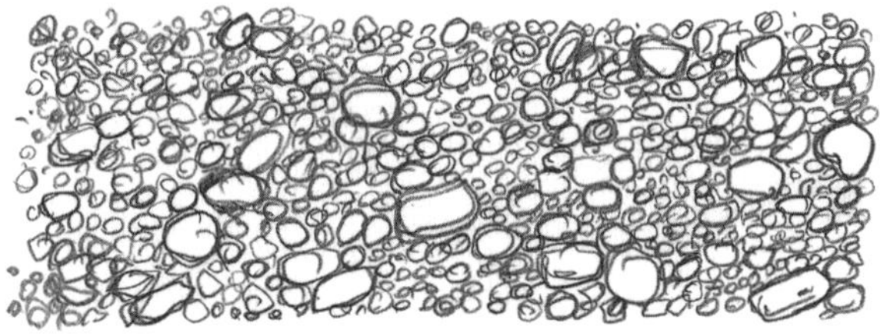

Plage

Ce dessin rappelle une plage de galets, avec une infinité de cailloux de différentes tailles. De même, une fois cette représentation conventionnelle terminée, essayez de dessiner de vrais galets.

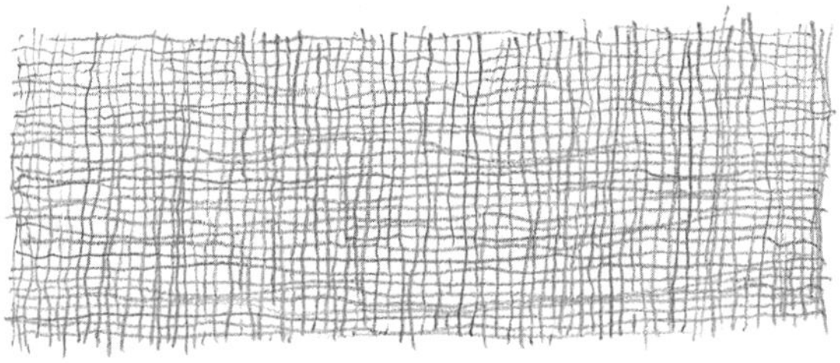

Tissu

Ce tissu minutieusement dessiné à main levée ressemble à de la toile de jute ou de l'étamine. Veillez à ne pas trop alourdir les traits pour préserver l'effet tissé.

Fourrure

Ce motif rappelle des poils de tapis ou la fourrure d'un animal. Les traits courts et ondulés partent dans différentes directions tout en respectant une sorte de motif régulier.

Roche

Ce dessin représente une sorte de surface rocheuse rugueuse et fissurée. Là encore, après avoir reproduit cet exemple, allez observer une vraie surface rocheuse pour constater à quel point elle diffère de cette version stylisée.

Nuages
Cette texture nébuleuse est réalisée à l'aide d'un crayon tendre et d'une estompe en papier, pour les zones les plus sombres. Donnez quelques coups de gomme sur les zones sombres pour créer l'effet nuageux.

Briques
Ce mur en briques n'est pas compliqué à dessiner, mais un peu fastidieux. Tracez des horizontales aussi droites que possible et des côtés un peu irréguliers, pour rappeler l'aspect des briques. Estompez les ombres sur certaines briques, pour éviter d'obtenir un ensemble trop homogène.

Feuillage
Pour créer une impression de feuillage dense, il suffit de dessiner une masse de petites feuilles qui se chevauchent. Pour plus de réalisme, variez l'orientation des feuilles.

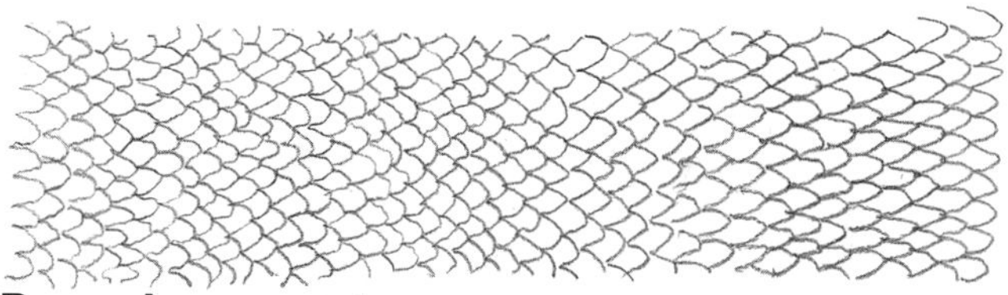

Peau de serpent
Pour représenter la peau de serpent ou les écailles de poisson, il suffit de dessiner une grande quantité d'écailles qui se chevauchent, sans trop se soucier de leur régularité, afin de préserver l'impression de souplesse. Là encore, il s'agit d'un travail fastidieux, mais assez simple.

Eau
Pour obtenir cette texture aquatique, tracez des zigzags horizontaux rappelant les rides à la surface de l'eau. Grisez certaines zones à l'aide d'une estompe, mais préservez la netteté des traits à d'autres endroits, comme des reflets sur l'eau.

Drapé
Dessinez des courbes concaves suggérant le tombé de l'étoffe puis, à l'aide d'une estompe en papier, lissez les bords des zones ombrées. Les seuls traits nets doivent se situer sur les côtés, là où le tissu semble être accroché.

TEXTURES EN PRATIQUE

Exercice 1

Cet exercice et le suivant vont nous aider à passer au niveau supérieur, en étudiant la longue chevelure bouclée d'une jeune fille et un morceau de tissu. Pour commencer, tracez les contours de la chevelure de façon sommaire mais soignée, en prêtant attention à son tombé naturel et à la façon dont elle boucle. Procédez de même pour le second exercice : peu importe si certaines courbes ne correspondent pas exactement au modèle, tant que la forme générale est respectée.

Après avoir tracé les contours généraux de la chevelure et du tissu, vous pouvez travailler leur texture à l'aide de traits et de dégradés, pour un effet plus convaincant. Pour les cheveux, par exemple, tracez des lignes le long des courbes principales. Appuyez plus fort à certains endroits et très légèrement à d'autres pour créer un effet ondulé. Souvent, les bords de la masse capillaire semblent plus foncés et on observe un contraste entre les zones sombres sous les boucles et les zones plus claires sur le dessus.

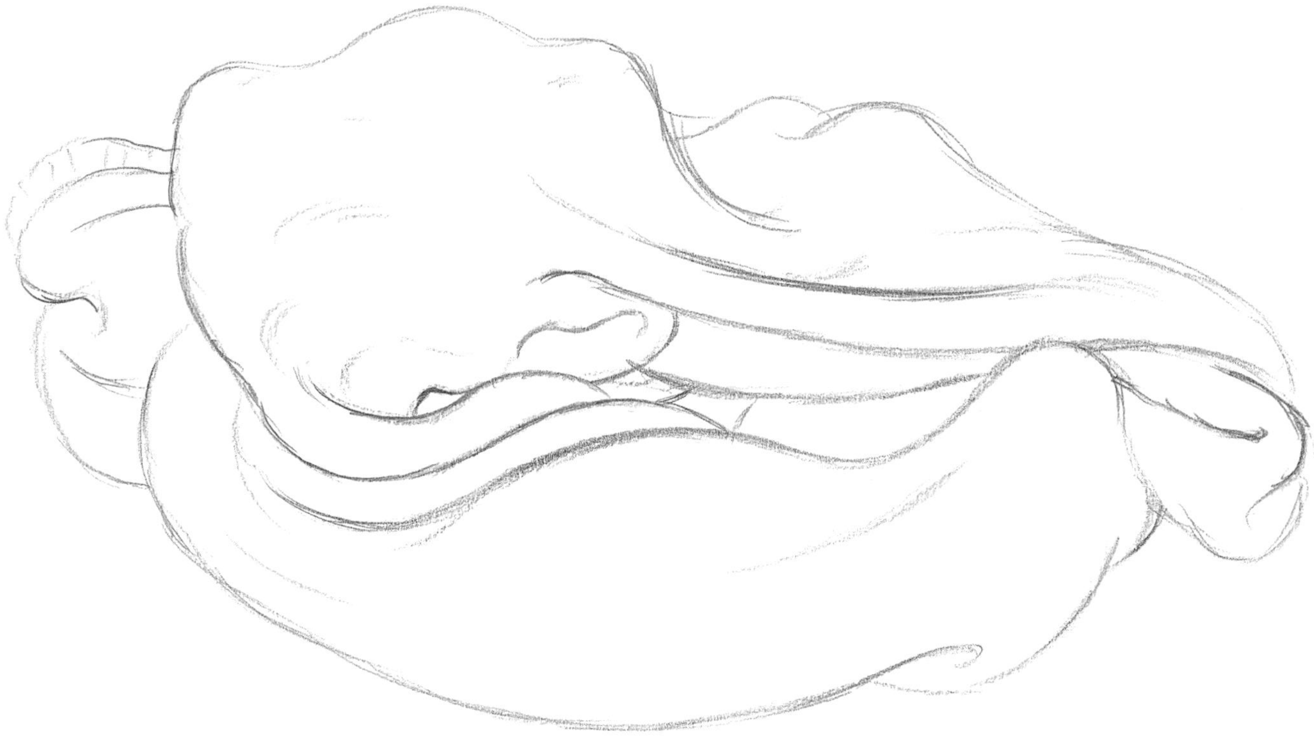

Exercice 2

Pour le tissu, repérez d'abord les plis principaux et dessinez-le aussi précisément que possible. La texture du tissu est beaucoup plus simple à représenter que celle des cheveux, puisqu'il suffit d'ajouter des ombres plus ou moins soutenues au niveau des plis. Le modèle choisi ici est un pull en laine, qui possède une texture douce et un peu brute.

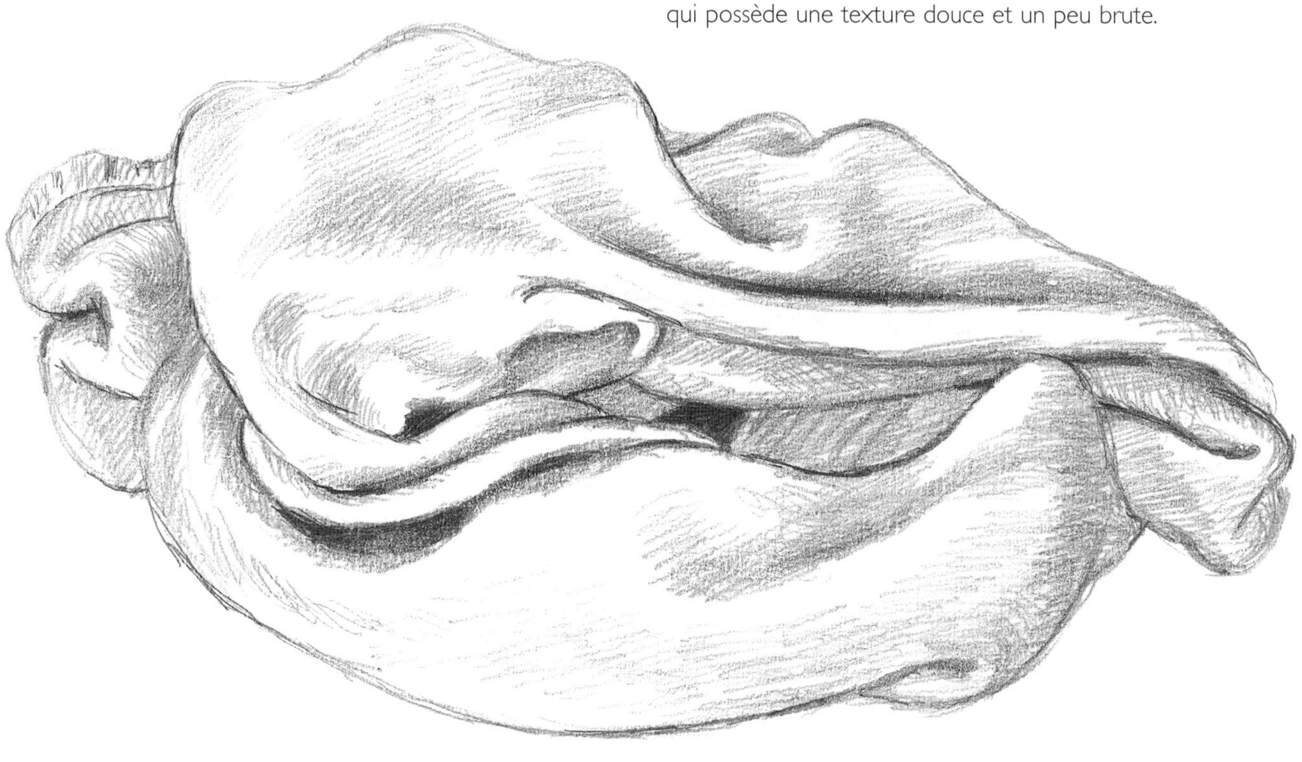

Voici deux autres types de textures et de matières : un panier et une plante. Comme pour les exemples précédents, tracez d'abord les contours principaux, en observant attentivement les brins d'osier entrecroisés et les contours délicats des feuilles.

Exercice 3

La difficulté ici consiste à reproduire l'effet de tressage sans dessiner tous les brins d'osier. Appuyez-vous sur les traits parallèles pour obtenir un aspect uniforme, mais pas trop net.
La texture irrégulière du panier permet de privilégier l'impression générale et vous évite de détailler chacun des brins d'osier qui le composent.

Insistez sur les zones ombrées pour permettre à l'œil de bien distinguer la profondeur de l'espace à l'intérieur et à l'extérieur du panier. Simplifiez autant que possible les zones plus claires, pour souligner le contraste avec les zones sombres.

Exercice 4

Pour cette plante, là encore, n'insistez pas trop sur les ombres. Une ou deux feuilles à l'arrière et à la base de la plante seront nettement plus sombres, mais le reste du feuillage restera assez clair. N'alourdissez pas trop les traits, car il s'agit d'une matière délicate. Peu importe si certaines feuilles ne sont pas tout à fait au bon endroit, tant que l'ensemble conserve un aspect naturel.

Grâce à cette leçon, vous aurez déjà abordé beaucoup de principes de base du dessin. C'est un excellent début et, si vous doutez de vos capacités, vous pouvez à tout moment revenir à ces exercices pour reprendre confiance en vous. Cela vaut pour toutes les leçons de cet ouvrage : en cas de difficulté, rien ne vous empêche de revenir en arrière.

LEÇON 2

FORME ET VALEURS

Ce chapitre vise à ce que vous donniez plus de réalisme aux objets que vous représentez en détaillant un peu mieux leur forme. Pour cela, vous continuerez de travailler les contours extérieurs de vos sujets, tout en consolidant les bases acquises en matière d'ombres.

Commencez par tracer soigneusement les contours, puis ajoutez des ombres de différentes valeurs pour leur donner plus de présence. Cela demande un certain entraînement et les exemples que je vous ai donnés sont déclinables à volonté. Vous verrez aussi que les techniques utilisées pour un dessin sont facilement transposables à d'autres sujets, même très différents. Plus vous pratiquerez, meilleurs seront vos dessins.

Vous vous apercevrez également que, si certains prennent plus longtemps à dessiner, à cause de leurs formes complexes, leur niveau de technicité n'est pas forcément plus dur que celui de dessins d'apparence plus simple. Vous vous apercevrez aussi que plus vous pratiquerez, plus vous serez à l'aise, et vous hésiterez de moins en moins à vous attaquer à des sujets de plus en plus riches. C'est l'un des avantages de l'art: c'est un apprentissage sans fin, où il est toujours possible de s'améliorer.

DÉVELOPPER LA FORME ET LES VALEURS

Commençons par observer ces deux objets : une bouteille isotherme et un verre, respectivement composés de métal et de verre. Il faudra travailler les valeurs sur la bouteille pour mettre en évidence sa forme cylindrique et les parties plus sombres du métal, alors que le verre, qui est transparent, ne nécessite que quelques ombres sommaires.

Tracez les contours extérieurs de chaque objet. Sur la bouteille isotherme, repérez les limites entre les zones claires et les zones sombres. Sur le verre, dessinez simplement les moulures et la surface de l'eau.

Ajoutez ensuite toutes les valeurs les plus sombres de la Thermos de façon aussi uniforme que possible. Remplissez progressivement les zones d'ombre moins intenses, laissant les zones les plus claires parfaitement intactes. Une fois ce travail terminé, vérifiez que les valeurs les plus sombres n'ont pas besoin d'être renforcées.

Pour le verre, n'ayez pas la main trop lourde. Commencez par les valeurs les plus sombres. Vous remarquerez qu'elles sont peu nombreuses. Continuez en allant du plus foncé au plus clair. Mieux vaut commencer prudemment et, une fois ce travail terminé, vérifier si certaines ombres ont besoin d'être renforcées, pour éviter de surcharger le dessin.

Les premiers essais ne seront peut-être pas très concluants, mais, à force de pratique, vous obtiendrez bientôt des résultats plus convaincants.

LA NATURE MORTE : TRAITS ET VALEURS

Pour composer une nature morte, choisissez quelques objets du quotidien de forme relativement simple. Mon choix s'est porté sur une théière, un pot à lait, un sucrier, une tasse, une soucoupe et une cuillère, des objets communs et familiers, posés sur un petit plateau, qui délimite la zone à dessiner. Par conséquent, vus de face, tous les objets se chevauchent.

Étape 1

La composition est prête. La première représentation de l'ensemble doit être très sommaire. Les contours du groupe d'objets sont très légèrement esquissés et les traits qui ne correspondent pas vraiment sont modifiés ou effacés.
À ce stade, l'objectif est de définir très simplement les formes de l'ensemble les unes par rapport aux autres.

Étape 2

Après avoir défini les formes de base, dessinez-les de manière plus explicite. Cela signifie tracer les contours de chaque objet, montrer précisément la manière dont ils se chevauchent et se déploient et obtenir un tracé détaillé de toute la composition. N'hésitez pas à corriger la moindre erreur. Le plus simple est de redessiner la partie concernée puis d'effacer les traits incorrects.

Étape 3

L'essentiel de l'image est là. Vous pouvez maintenant travailler les valeurs, qui vont donner du volume aux formes. Pour l'instant, grisez toutes les zones d'ombre de façon homogène, en laissant le papier intact au niveau des rehauts. Une fois terminée, l'image a déjà gagné en profondeur.

Étape 4

La dernière étape consiste à distinguer les zones plus sombres des zones plus claires. Commencez par les zones les plus sombres puis ajoutez progressivement les valeurs nécessaires dans les zones un peu moins sombres. Comme vous le voyez, cette composition comporte beaucoup de zones très sombres, en particulier sur la surface de la table et du plateau. Une fois que les valeurs du dessin semblent correspondre à celles du modèle, vous pouvez considérer que l'ombrage est terminé. Si certaines zones sont trop foncées, donnez un léger coup de gomme pour les éclaircir.

Cet exercice risque de prendre un certain temps et, si cela devient trop pénible, mieux vaut faire une pause et reprendre plus tard. Vous n'êtes pas obligé de le terminer en une seule séance.

DESSINER SA MAIN

Tracez le contour de votre main : posez la main à plat sur le papier et faites le tour avec le crayon, en veillant à ce que la pointe ne s'éloigne pas trop ou ne glisse pas sous les bords de la main.

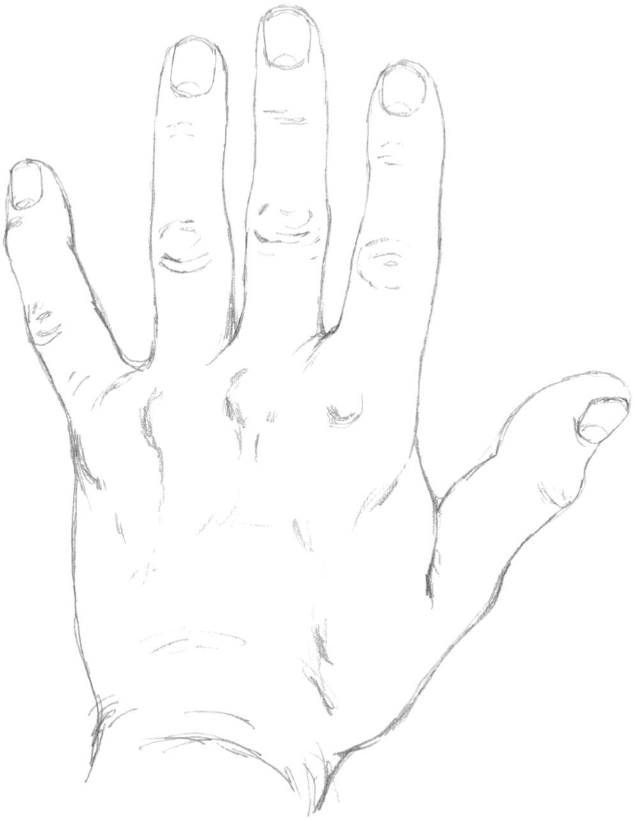

Levez délicatement la main, en conservant la même position, puis dessinez tous les plis, les bosses et les creux visibles, aussi simplement que possible, sans oublier les ongles, bien sûr. Vous obtiendrez une assez bonne représentation de votre main, de taille et de forme identiques. Essayez ensuite de redessiner votre main dans la même position, mais sans reporter le contour directement sur le papier. Ce dessin est-il aussi réussi que le premier?

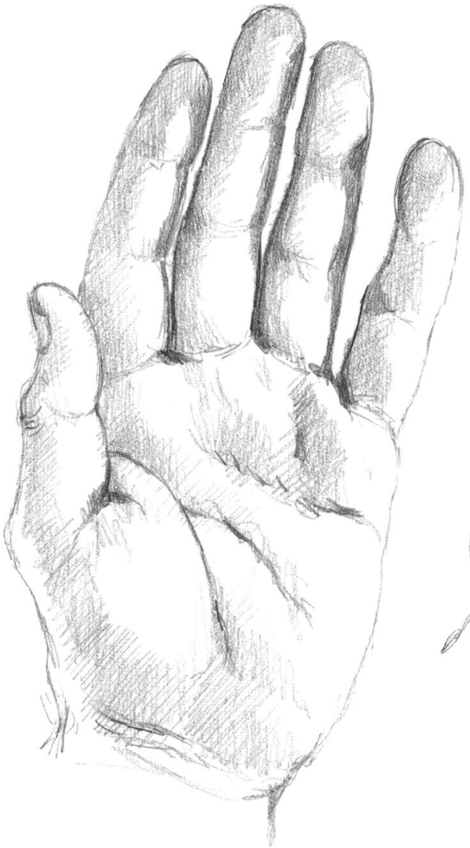

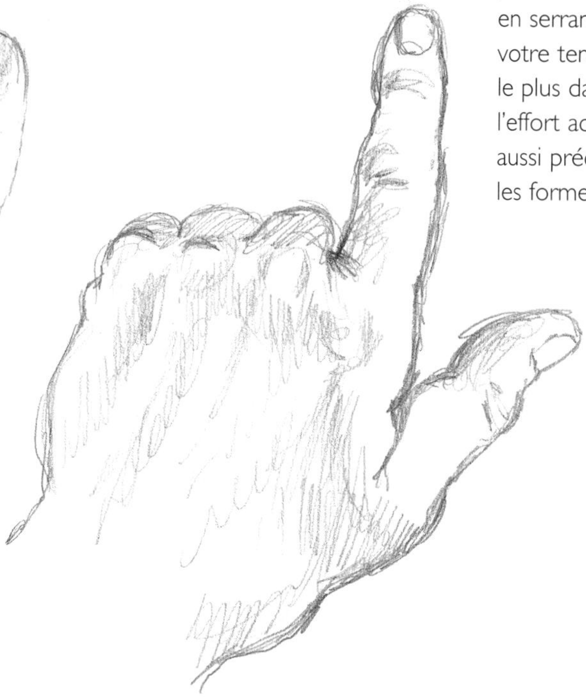

À présent, essayez différentes positions, en montrant la paume, par exemple, en pointant du doigt, en serrant le poing, etc. Prenez tout votre temps, car ce qui compte le plus dans cet exercice, c'est l'effort accompli pour reproduire aussi précisément que possible les formes que vous voyez.

Les contours de votre main vous sont familiers et, contrairement aux modèles précédents, il s'agit d'un sujet vivant. Ne vous inquiétez pas si vos premiers essais ne sont pas très concluants. C'est normal. Vous débutez. C'est en répétant ces exercices autant de fois que possible que vous vous améliorerez.

DESSINER UNE TÊTE ET UN VISAGE

Pour cet exercice, vous aurez besoin d'un modèle. Si une personne de votre entourage accepte de poser pour vous pendant environ une heure, vous pourrez dessiner son visage, mais si cela se révèle trop compliqué, asseyez-vous face à un grand miroir et faites votre propre portrait.

Étape 1

Commencez par un portrait de face, pour mieux comprendre les proportions de la tête humaine. Placez un repère en haut, au sommet de la tête, puis un autre, à la pointe du menton. L'écart entre ces repères ne doit pas être supérieur à la largeur de la tête vue de profil (de la pointe du nez jusqu'à l'occiput). Tracez une ligne droite verticale, allant d'un repère à l'autre. Celle-ci correspond à l'axe central de la tête. Toutes les formes que vous dessinerez doivent s'équilibrer de part et d'autre de cet axe.

En observant attentivement la forme de la tête positionnées face à vous (la vôtre ou celle de votre modèle), essayez de dessiner l'ovale entier de la tête – pas seulement celui du visage. L'erreur de beaucoup de débutants est de dessiner des têtes comme si le crâne s'arrêtait à la ligne d'implantation des cheveux.

Étape 2

Tracez une ligne horizontale à mi-chemin entre les repères du début, pour repérer l'emplacement des yeux. Placez les yeux sur cet axe et esquissez leur forme. L'écart entre eux doit correspondre à la longueur d'un œil, d'un coin à l'autre. Repérez ensuite la pointe du nez, à mi-chemin entre les yeux et la pointe du menton, puis tracez la commissure des lèvres, légèrement plus près du nez que du menton. On le place généralement à 1/5e de la hauteur de la tête, en partant du menton. Dessinez d'abord la commissure des lèvres puis, de façon moins marquée, le creux de la lèvre supérieure et le pli de la lèvre inférieure (et non le contour de la partie colorée).

Esquissez la chevelure, les oreilles, si elles sont visibles, et les sourcils. Le haut des oreilles est à peu près à la hauteur des sourcils. Vous obtenez une tête basique.

Étape 3

La prochaine étape consiste à dessiner tous les traits du visage et les cheveux, en corrigeant toutes les erreurs au fur et à mesure. Observez l'épaisseur des sourcils et la différence de forme entre les coins interne et externe de l'œil. Si les yeux regardent droit vers vous, l'iris est légèrement caché par la paupière du haut et touche généralement celle du bas. Les oreilles sont à peine visibles de face, mais essayez tout de même de les dessiner aussi précisément que possible.

Les parties les plus importantes du nez sont celles du bas et des narines. On peut généralement ajouter quelques traits soulignant la partie la plus proche des yeux, ainsi qu'une ombre le long de la partie la plus osseuse. Cependant, si l'ombre est trop soutenue, le nez paraîtra trop crochu.

La bouche est un peu plus facile à dessiner, mais rappelez-vous que les traits les plus marqués sont réservés aux commissures des lèvres. Si vous insistez trop sur les contours des lèvres, celles-ci sembleront aplaties. Pour définir la forme de la bouche, mieux vaut dessiner le pli sous la lèvre inférieure que le contour de la partie colorée.

Les contours de la mâchoire et des pommettes sont des caractéristiques essentielles du visage. Une mâchoire trop large ou trop étroite donnera au visage un air maladroit ou fragile, alors prenez votre temps pour dessiner ces parties.

La chevelure a aussi son importance, en particulier aux endroits où elle laisse deviner la forme du crâne. Si elle est trop fournie, le sujet aura l'air d'un extraterrestre. À l'inverse, une chevelure trop peu fournie pourrait laisser penser que le sujet a le cerveau atrophié.

Étape 4

Ajoutez les ombres du visage et des cheveux de façon uniforme, dans un premier temps. La source de lumière est généralement placée sur le côté. Dans cet exemple, la gauche du visage est dans l'ombre tandis que la droite est un peu éclairée. C'est à cette étape que les parties saillantes, comme le nez, les sourcils et la bouche, commencent vraiment à prendre forme.

Ombrez la chevelure de la même manière, mais en suivant la direction dans laquelle les cheveux poussent. Si les cheveux sont foncés, ajoutez une couche d'ombre sur toute la chevelure, sauf au niveau des reflets les plus marqués.

Étape 5

Pour la dernière étape, ajoutez les valeurs les plus foncées ainsi que les dégradés sur l'ensemble de la tête. Vous devrez peut-être assombrir la chevelure, mais noircissez uniquement les zones les plus foncées.

Soyez très précis au niveau des paupières. Le bord de la paupière supérieure est nettement plus foncé que celui de la paupière inférieure, parce qu'il est orienté vers le bas et à cause de l'ombre projetée par les cils. La pupille est foncée, mais comporte généralement un petit reflet qui souligne l'éclat des yeux. Observez l'ombre autour des yeux, de part et d'autre du nez.

Les ombres autour du nez et de la bouche demandent une attention particulière car si elles sont trop prononcées le résultat sera caricatural. Laissez les valeurs se fondre les unes aux autres et évitez tout contraste brutal.
Les ombres de la mâchoire sont souvent plus marquées sur les côtés que sous le menton, à cause de la réflexion de la lumière. Reculez régulièrement de quelques pas pour vous assurer que les valeurs sont bien équilibrées. N'ayez pas peur de gommer et regommer jusqu'à obtenir les ombres adéquates. Même si au final le résultat n'est pas impeccable, vous aurez beaucoup appris sur les ombres et le tracé des formes.

LA NATURE MORTE DE FRUITS

Prenez quelques fruits qui vous semblent intéressants et disposez-les sur une surface, de sorte que certains soient en partie cachés par les autres. Ici, une grappe de raisin placée derrière une grappe de trois tomates, une pomme et une nectarine.

Commencez par une esquisse très approximative, pour vous faire une idée de l'ensemble. Ce dessin n'a pas besoin d'être précis et servira uniquement de point de départ.

À présent, tracez les contours de chaque fruit de façon sommaire, mais aussi précise que possible. C'est maintenant qu'il faut corriger et gommer les moindres défauts, avec l'objectif de ne plus avoir à le faire aux étapes suivantes.

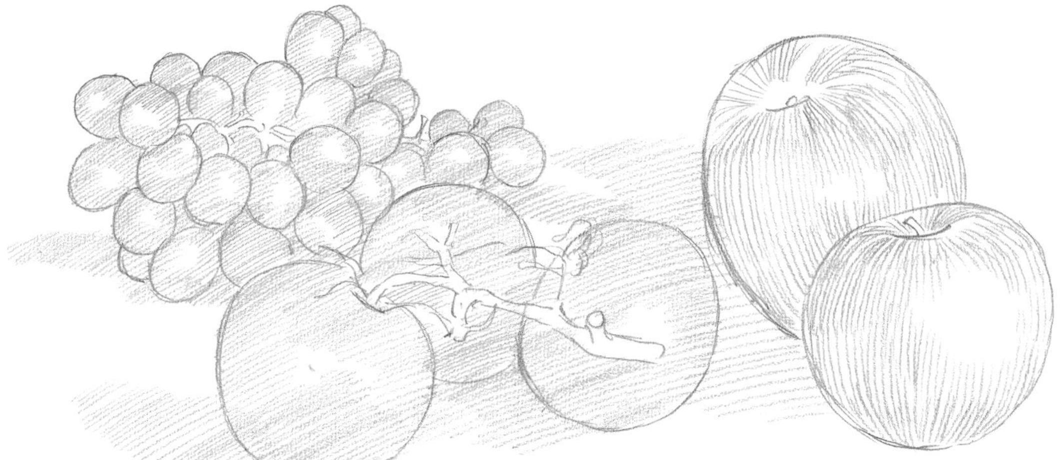

Placez soigneusement les zones d'ombre, très claires et uniformes. Pour les plus gros fruits, appliquez les valeurs en suivant la forme du fruit.

Il ne vous reste plus qu'à travailler les valeurs jusqu'à obtenir un dégradé satisfaisant. Une technique pour évaluer vos dégradés consiste à regarder la nature morte avec les yeux mi-clos, afin de percevoir les ombres plutôt que les couleurs. Si, par erreur, vous avez ombré une zone éclairée, vous pouvez corriger cela à l'aide d'une gomme.

LA NATURE MORTE VÉGÉTALE

La nature morte végétale peut être formelle ou informelle. Des fleurs dans un vase, par exemple, donnent généralement un effet plus formel qu'un parterre de fleurs ou une jardinière.

Comme pour les autres dessins, commencez par esquisser les contours, en étudiant la façon dont le feuillage pousse et retombe.

Dessinez de façon précise les contours de toutes les feuilles et les tiges, de manière à bien distinguer les différentes plantes. Corrigez les erreurs dès maintenant, même si, quand on travaille en extérieur, les formes changent sans cesse, à cause du vent.

L'ajout des valeurs donnera un peu de profondeur à vos plantes. Commencez par les zones sombres, puis travaillez le dégradé jusqu'à obtention d'un résultat assez réaliste. Inutile de détailler toutes les petites feuilles. Quelques coups de crayon suffiront à signaler leur présence. Le contraste entre le pot et les feuilles aide à souligner l'aspect doux et frêle du feuillage.

RÉVÉLER LA MATIÈRE

Vous vous apercevrez progressivement que les traits que vous dessinez donnent une idée de la matière dont l'objet est constitué. Les exemples suivants vous aideront à mieux le comprendre. Le premier exercice est un classique des écoles d'art, qui permet de tester la capacité des étudiants à observer les formes et les textures. Il consiste à froisser un morceau de papier pour ensuite le dessiner aussi précisément que possible. Le second exercice consiste à dessiner un vêtement de coton, de laine ou de soie, afin de mettre en évidence sa texture. Une fois cet execice terminé, vous aurez atteint la fin de la deuxième leçon. Vous aurez alors dessiné une multitude d'objets très variés et découvert comment aborder leur représentation.

Exercice 1

Dessinez les contours du papier froissé, pour définir la forme d'ensemble. Tracez des traits aussi fins et réguliers que possible. Lorsque votre dessin ressemble suffisamment au modèle, faites toutes les corrections nécessaires.

À présent, ajoutez autant d'ombres que possible. Cela n'est pas toujours évident avec les objets en papier blanc, car les dégradés sont parfois subtils. Une fois ce travail terminé, passez aux ombres environnantes. Sur mon exemple, le papier est posé sur une surface blanche mais le fond très sombre fait ressortir le papier et accentue le contraste.

Exercice 2

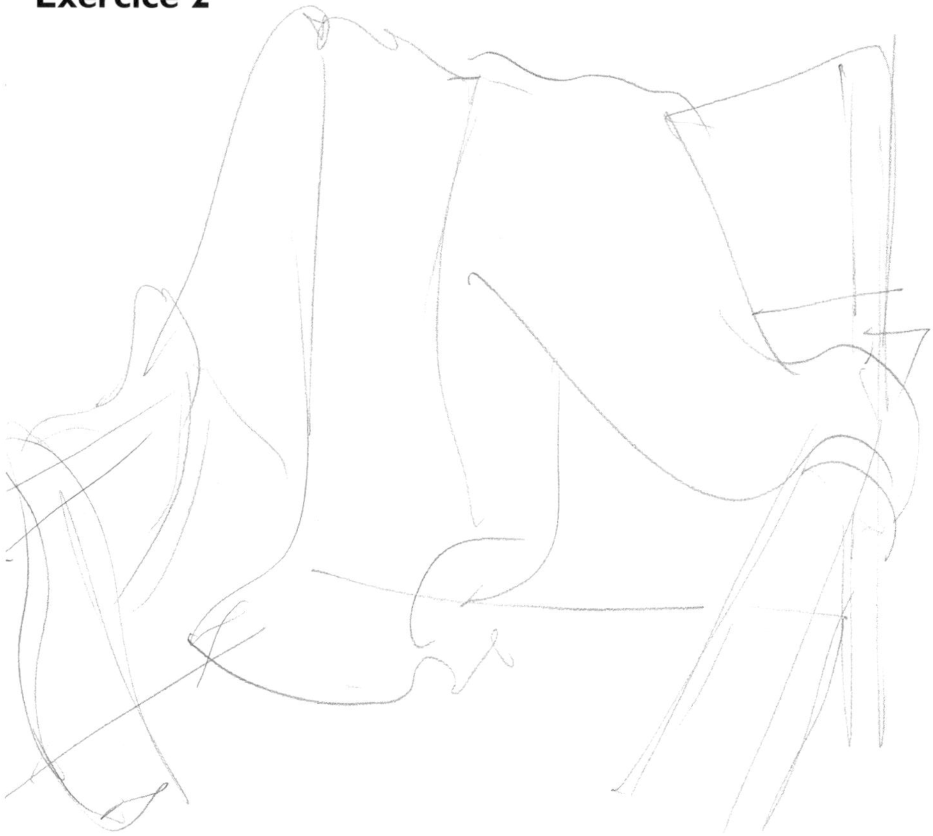

Étape 1

Essayez de dessiner ce tricot en coton jeté sur le dossier d'une chaise en bois et en toile. Commencez par une esquisse reproduisant la masse et le volume de votre sujet.

Étape 2

Tracez soigneusement les contours, avec des traits suggérant à la fois la forme et la douceur de la matière. Soulignez le contraste entre les lignes anguleuses de la chaise et la texture du pull.

Étape 3

Ombrez l'ensemble du dessin, sans différencier les valeurs sombres des valeurs claires.

Étape 4

Enfin, travaillez les textures grâce aux dégradés et tentez de suggérer la douceur du drapé, en soulignant l'aspect dur et les angles nets de la chaise.

LEÇON 3

CHOISIR SES SUJETS

Cette leçon va vous apprendre à observer vos sujets et à les dessiner de façon plus attentive et détaillée. La nature, le corps humain et les objets sont une source d'inspiration inépuisable et il suffit généralement de regarder autour de soi pour trouver un sujet à dessiner.

Vous commencerez par le monde végétal, en vous entraînant à dessiner les formes frêles et subtiles des feuilles et des fleurs, en les observant très attentivement. C'est le point essentiel de cette leçon. Sans cela, vous ne ferez que reproduire les représentations conventionnelles ancrées dans votre esprit. Il n'y a rien de mal à dessiner d'après son imagination, mais cela ne vous apportera pas grand-chose sur le plan technique. En revanche, vous ferez de nets progrès grâce à toutes les nouvelles choses que vous remarquerez en étudiant les formes de manière approfondie.

Vous dessinerez ensuite le corps humain, de façon sommaire dans un premier temps, puis plus en détail. Vous découvrirez aussi différentes façons d'observer les objets, afin d'élargir vos possibilités. En tant qu'artiste, votre regard sur le monde sera différent de celui des personnes moins sensibles aux qualités visuelles des choses.

Tous ces exercices sont similaires à ceux donnés aux étudiants en art et ils vous aideront à progresser, à condition que vous entreteniez un bon niveau de pratique. Rappelez-vous que la plupart des artistes professionnels consacrent chaque jour une partie de leur temps à la pratique du dessin.

LES FEUILLES ET LES FLEURS

Cet exercice est conçu pour vous initier au dessin des plantes et des fleurs en gros plan. Commencez par des formes très simples avec lesquelles vous vous sentez à l'aise, mais n'hésitez pas à prendre un modèle plus complexe, si celui-ci vous semble plus attrayant, car c'est cela le critère le plus important.

Le premier dessin est une petite fleur à quatre pétales, dessinée avec un crayon graphite tendre, qui offre un trait un peu granuleux. Quelques ombres ont été ajoutées, mais essayez de faire simple.

Le sujet suivant est un rameau. Les feuilles sont dessinées disposées le long de la tige, ainsi que les nervures principales, sans souci de la texture. Essayez de vous concentrer uniquement sur les contours, en détaillant très précisément les bords des feuilles.

Les dessins suivants sont plus complexes. Commencez par tracer les contours francs et nets de bourgeons de fleurs de lis avec un crayon graphite, afin d'obtenir des bords doux, sans détailler la texture.

Dessinez ensuite une fleur de lis ouverte, en tenant compte de la complexité de sa texture et de sa structure. Ce travail demande beaucoup plus d'attention au niveau des dégradés et des textures, afin que la forme soit bien mise en évidence. Prenez le temps de bien observer tous les détails.

À présent, essayez de dessiner une feuille plus complexe, mais de façon simplifiée, puis dessinez un autre lis, à l'encre cette fois. Ainsi, vous vous familiariserez avec différents types de matériel.

Enfin, prenez une fleur qui vous plaît, mettez-la dans un vase et dessinez tout dans les moindres détails. Ici, une marguerite de la Saint-Michel déposée dans une grande bouteille. Une seule tige suffit amplement pour une première composition florale. Prenez tout le temps nécessaire et ne vous inquiétez pas si vous n'arrivez pas à finir. Tentez de dessiner toute la tige, avec ses fleurs et ses feuilles, car c'est un excellent exercice en soi. Rappelez-vous que ce qui compte pour le moment, ce ne sont pas les résultats, mais les progrès.

LES ARBRES

Toujours sur le thème de la nature, passons à des sujets de plus grande envergure : les arbres. Cet exercice va vous faire sortir de chez vous, à moins que depuis vos fenêtres vous ayez une vue dégagée sur des arbres entiers, des racines au sommet. Ne soyez pas trop ambitieux pour l'instant : choisissez des arbres que vous pouvez facilement embrasser du regard.

Le dessin est assez schématique : commencez par le tronc et les branches, puis représentez le feuillage par de vagues zigzags, à l'aide d'un crayon très gras (6B). Ce dessin ne comporte aucun détail : il faut chercher simplement à reproduire les contours.

Le second dessin est plus contrasté, principalement parce qu'il s'agit d'un pin vu à contre-jour, ce qui réduit l'arbre à une simple silhouette. La forme caractéristique et minimaliste de cet arbre ne demande pas d'effort de concentration particulier. Ce qui est important, en revanche, c'est la forme des branches, qui pointent vers le haut, et les contours assez nets de l'arbre.

Cet arbre est un poirier dont les feuilles ont commencé à tomber, laissant clairement apparaître les branches. L'intérêt de ce dessin réside dans la manière dont les branches se tordent et se croisent. Très peu de feuilles sont dessinées afin de décrire la façon dont les branches se séparent du tronc.

Essayez d'abord de dessiner les arbres ci-dessus, puis appliquez ce que vous aurez appris à des sujets réels et entraînez-vous à dessiner les branches de différents arbres en gros plan, en décrivant la façon dont elles se séparent du tronc et contrastent avec le ciel.

LE CORPS HUMAIN

Le corps humain est plus compliqué à dessiner que les végétaux, en particulier parce que cela nécessite la coopération d'un tiers. Ce n'est pas facile de rester immobile et vous serez peut-être contraint d'écourter la séance quand votre modèle en aura assez. Le but ici est de dessiner le sujet de la tête aux pieds, y compris son visage et ses vêtements. Alors veillez au confort de votre modèle et accordez-lui des pauses régulières, pour lui permettre de s'étirer.

Étape 1

Esquissez la silhouette de votre modèle assis sur une chaise. Si vous êtes près de votre modèle, comme ici, le bas des jambes n'apparaît pas. Aussi sommaire soit-il, ce dessin met déjà en évidence le mouvement du corps et la position des bras et de la tête.

Étape 2

Dessinez des formes plus précises, en observant attentivement l'angle de la tête, la forme des bras et des mains, ainsi que l'attitude détendue du corps. À la fin de cette étape, vous devez disposer des contours généraux du modèle.

Étape 3

À présent, observez attentivement chaque partie du corps, en vous concentrant sur la forme de la tête, la chevelure et les traits du visage. Ensuite, observez la façon dont les vêtements enveloppent le corps, mais sans tenir compte des détails. Pour l'instant, dessinez simplement les plis principaux, laissant deviner les formes du corps. Ajoutez les mains et les parties visibles de la chaise. Dessinez aussi les jambes si elles sont visibles.

Étape 4

Modelez les formes du corps et du visage, pour que le dessin commence à ressembler à votre modèle. Rappelez-vous que le but est de progresser et non de réaliser un chef-d'œuvre du premier coup. Modifiez ou gommez tout ce qui ne correspond pas aux formes du modèle et ne vous inquiétez pas si le dessin se salit. C'est signe que vos capacités d'observation s'améliorent et les corrections apportées à un dessin sont toujours bénéfiques.

Remarquez que sur ce dessin fini les traits ne sont pas très précis. Ce sont des traits brisés. En effet, les contours des objets en trois dimensions ne sont jamais définis de manière parfaitement nette, car les côtés sont toujours plus ou moins visibles.

Les ombres et les textures ne sont pas très détaillées, juste assez pour révéler les formes. Ce dessin n'est pas tout à fait terminé, il pourra être fini si le modèle accepte de venir reprendre la même pose, en portant les mêmes vêtements.

LES TRAITS DU VISAGE

Passons à l'étude détaillée de différentes parties du corps humain pour que vous vous familiarisiez avec elles. Penchons-nous d'abord sur la partie la plus distinctive, le visage, en procédant étape par étape.

Les yeux

Commençons par les yeux, car c'est la partie du visage la plus facilement reconnaissable. Vous pouvez choisir de ne dessiner qu'un œil, mais en dessinant les deux vous aurez l'avantage de pouvoir observer le rapport existant entre eux.

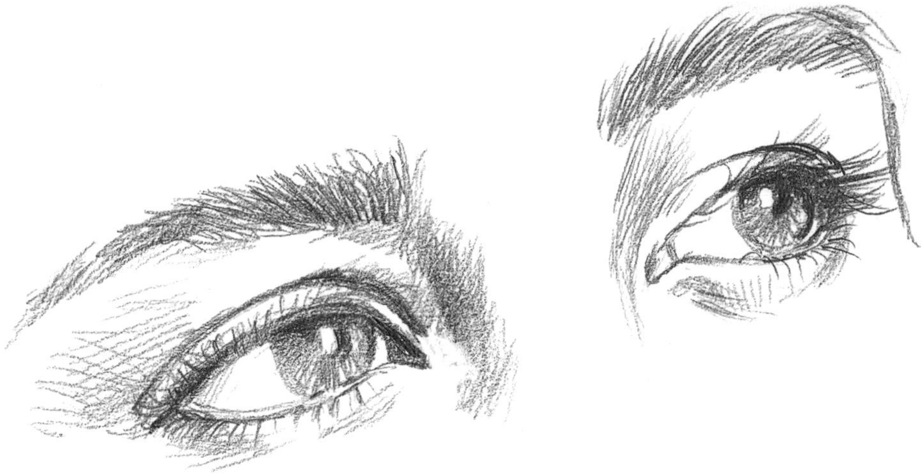

Le regard ci-dessus est celui d'une jeune femme regardant sur le côté. Observez la différence entre les coins internes et externes des yeux. Vous remarquerez aussi que l'implantation des yeux suit légèrement la courbe du crâne. Dessinez aussi les sourcils, pour vous aider à évaluer l'écart entre les yeux. Cette jeune fille n'a pas les yeux grands ouverts, car elle regarde en direction de la lumière. Le haut de l'iris (la partie colorée de l'œil) est légèrement couvert par la paupière supérieure tandis que le bas passe à ras de la paupière inférieure. C'est un détail que peu de débutants remarquent.

Dessinez un seul œil en observant sa forme et sa structure de façon détaillée. Ce dessin vous présente une vue schématique mettant en évidence la forme de l'œil. Le creux du canal lacrymal se situe dans le coin interne. Le coin externe est plus simple. L'épaisseur des paupières est visible, en haut comme en bas. Les paupières épousent la courbe des globes oculaires, de même que l'iris et la pupille. Bien sûr, le diamètre de la pupille varie en fonction de l'intensité de la lumière environnante.

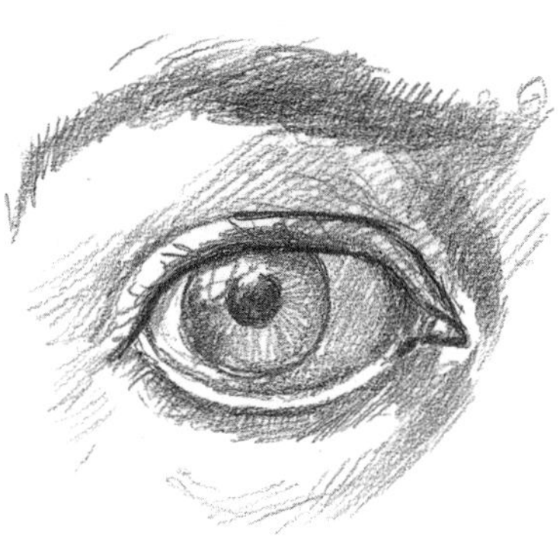

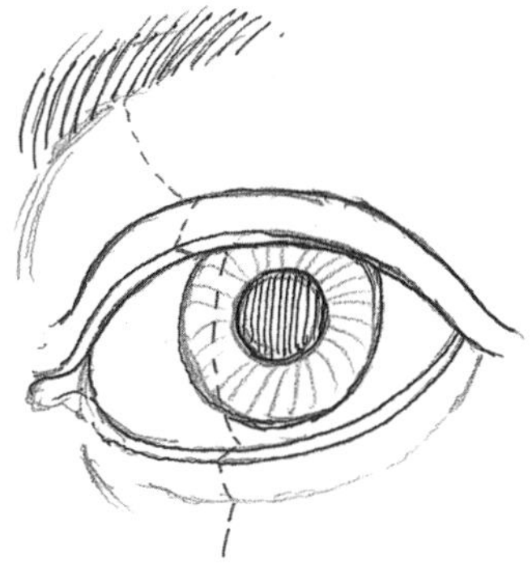

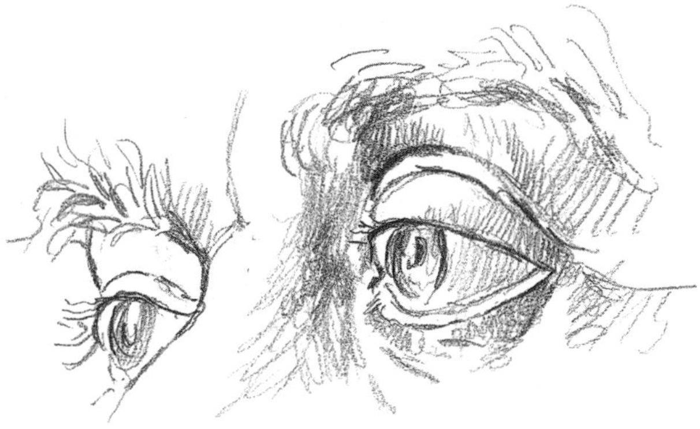

Essayez à nouveau de dessiner deux yeux, mais en choisissant un modèle d'un âge différent. Voici les regards de deux hommes plus âgés. Remarquez la différence de texture, ainsi que les rides et les poches autour des yeux. Les sourcils aussi ont une forme un peu différente. Même si chaque personne a un regard différent, la structure est toujours la même. Les yeux de personnes plus jeunes sont juste un peu plus simples à dessiner, car ils sont moins marqués par le temps.

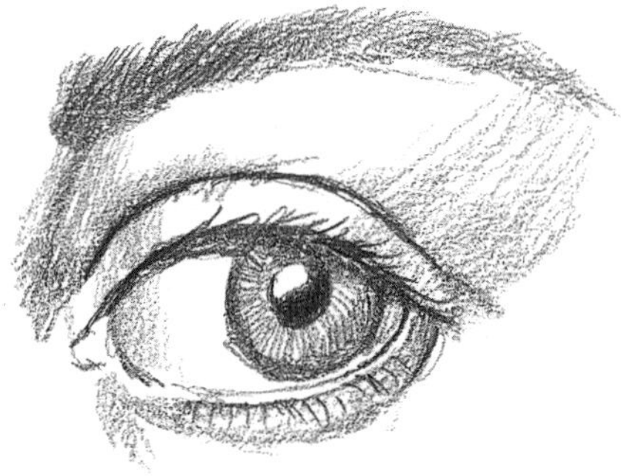

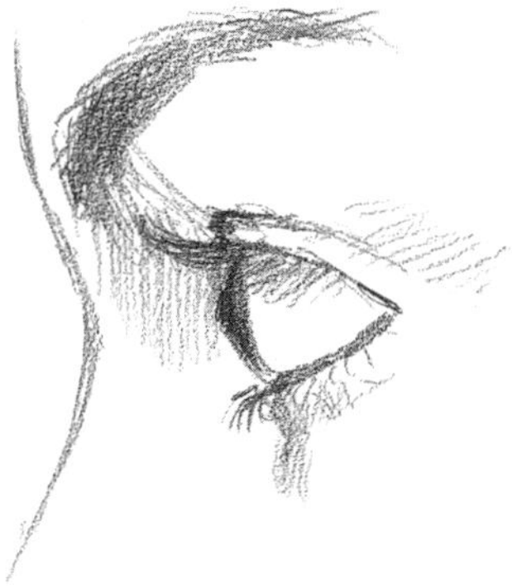

Enfin, dessinez de nouveau un seul œil, de face puis de profil, pour mettre en évidence la forme du globe oculaire.

La bouche

La bouche est la deuxième partie la plus distinctive du visage, sauf pour les personnes dotées d'un nez proéminent. Dessinez des bouches fermées et d'autres légèrement ouvertes, pour bien comprendre la formation des lèvres. La lèvre inférieure est souvent plus épaisse que la lèvre supérieure, mais ce n'est pas toujours le cas.

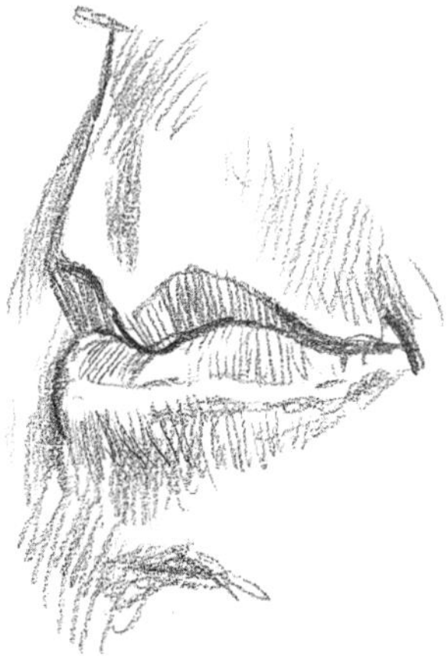

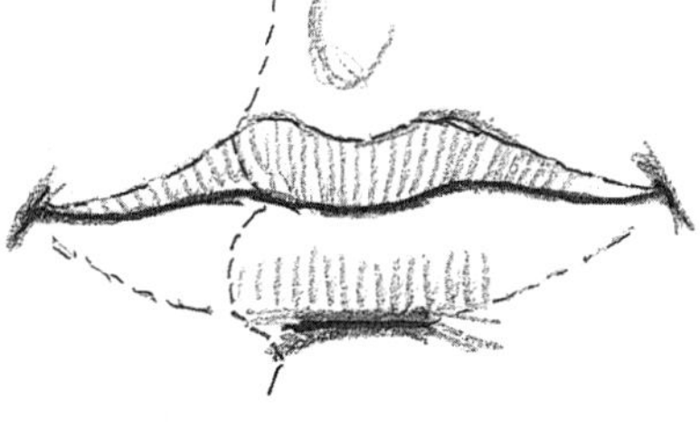

Le creux au centre de la lèvre supérieure est généralement plus net que le contour de la lèvre inférieure. Ne reproduisez pas la couleur des lèvres, ou vous donnerez l'impression que le sujet porte du rouge à lèvres foncé. Le schéma ci-contre montre les formes des lèvres dans leur ensemble.

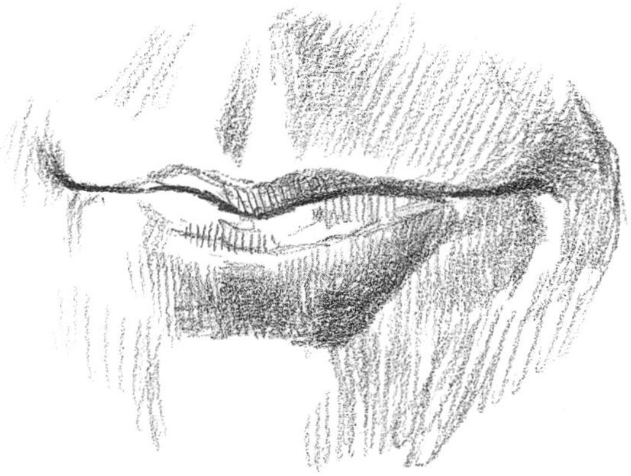

Le trait le plus marqué se situe à la commissure des lèvres, pas sur les bords extérieurs.

C'est d'autant plus visible quand la bouche est ouverte.

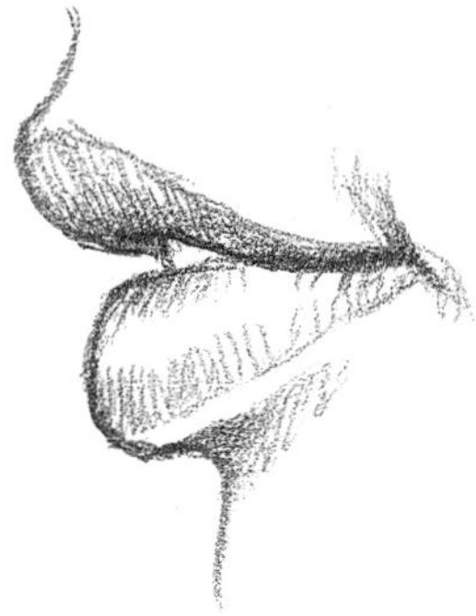

N'oubliez pas de dessiner la bouche de profil, en tâchant de déterminer laquelle des lèvres est la plus saillante.

Quand la bouche est entrouverte, le bord des dents apparaît. Laissez le papier parfaitement intact à cet endroit, ou les dents sembleront tachées.

Le nez

La forme du nez varie énormément d'une personne à l'autre et détermine en grande partie le caractère du visage. De profil, le nez ne pose pas de problème particulier, mais de face il se révèle plus difficile à dessiner.

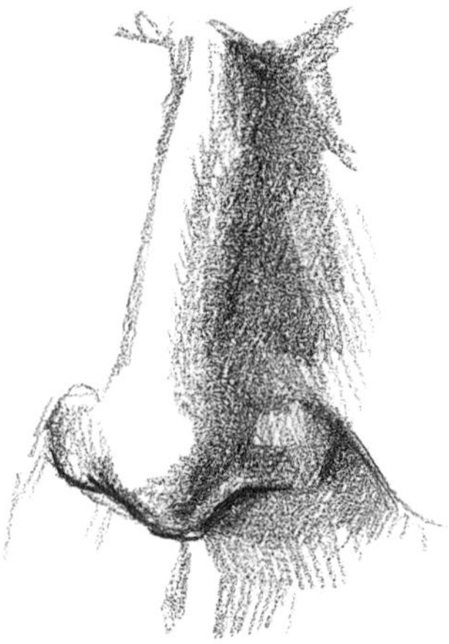

Il est plus facile de dessiner un nez vu de face avec une source de lumière vive placée sur le côté pour pouvoir dessiner l'ombre.

Si la lumière est plus tamisée, évitez les ombres trop marquées, à moins que le nez en question ait beaucoup de caractère.

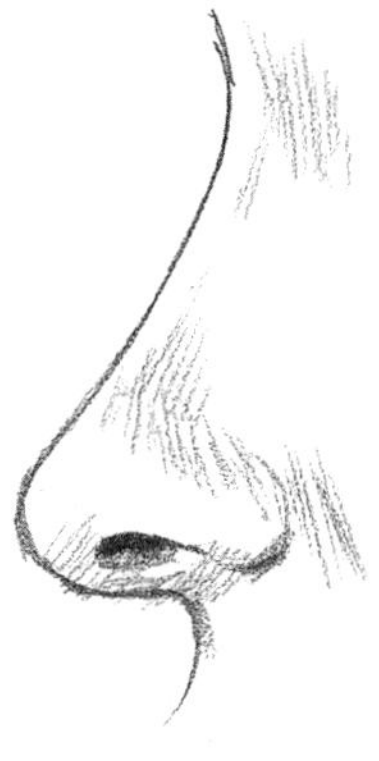

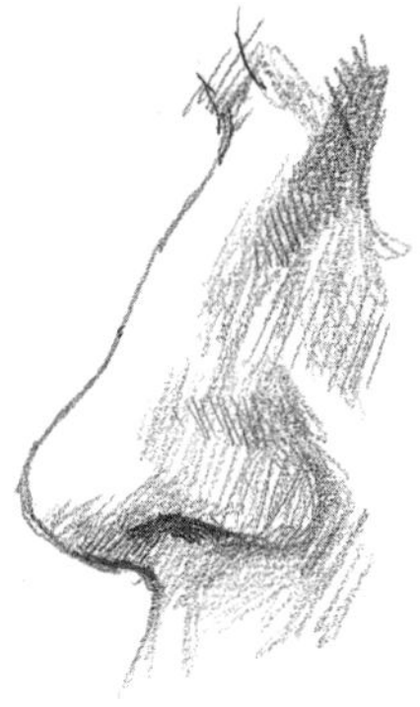

Il existe quatre grandes catégories de nez : le nez retroussé, le nez droit, le nez busqué et le nez cassé. Dépourvu de bosse ou de creux, le nez droit est probablement le plus difficile à dessiner. Beaucoup de débutants dessinent des nez trop courts ou trop longs, alors évaluez bien les proportions par rapport au reste du visage.

Les oreilles

On a tendance à négliger les oreilles, que ce soit parce qu'elles sont cachées par les cheveux ou parce qu'on les observe rarement. En effet, beaucoup de personnes seraient incapables de reconnaître quelqu'un à la forme de ses oreilles, même pas leur tendre moitié !

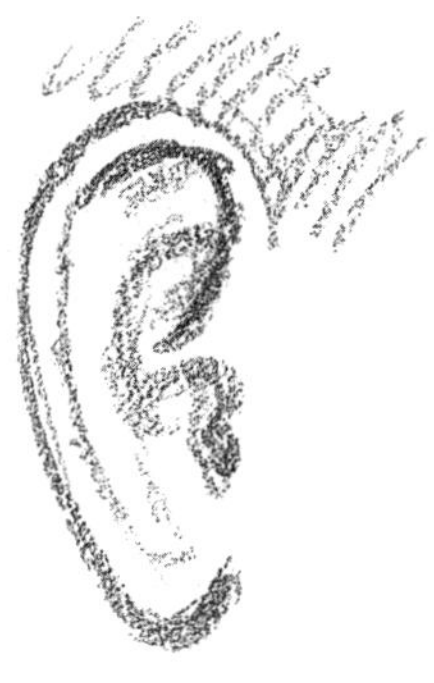

Voici différents exemples d'oreilles. Essayez d'en dessiner beaucoup, car il en existe une grande variété. Même si la structure reste toujours la même, les détails varient. Dessinez quelques oreilles de face puis de profil, pour vous faire une meilleure idée de leur forme.

Les cheveux

Les cheveux permettent toutes sortes de variations très intéressantes, surtout s'ils sont longs. La principale distinction se fait entre cheveux raides et cheveux bouclés, ces derniers étant les plus difficiles à dessiner. Observez la masse et les mèches qui se forment, sans pour autant dessiner tous les détails.

Évidemment, la chevelure paraît moins volumineuse de face que de dos ou de profil. Il serait tentant de s'intéresser d'abord à la couleur des cheveux, mais le résultat sera plus convaincant si vous vous concentrez en priorité sur la forme de la chevelure.

Le profil

Après avoir exploré la diversité du visage humain, terminez par un portrait de profil simple, en traçant uniquement les contours du crâne, du front, du nez, des lèvres et du menton, et en esquissant la forme des yeux, des sourcils et de la chevelure.

LES GRANDS OBJETS

Grâce aux tasses, aux couverts et aux autres petits objets que vous avez dessinés jusqu'ici, vous vous êtes familiarisé avec les formes artificielles. Passons à présent aux objets plus volumineux, généralement plus complexes. Bien sûr, les plus grands objets créés par l'homme sont les ouvrages d'architecture et d'ingénierie, mais, pour le moment, intéressons-nous aux véhicules et au mobilier.

Exercice 1

Commencez par dessiner une voiture, la vôtre ou toute autre voiture à proximité. Tout d'abord, tracez les contours de la voiture de côté de façon très sommaire. Il s'agit du point de vue adopté le plus couramment.

Dessinez un rectangle, de la longueur et la hauteur de la voiture. Repérez l'emplacement des roues, la base des vitres et tracez les courbes du capot et de l'arrière.

Ensuite, dessinez les principaux accessoires, tels que les poignées des portières, les rétroviseurs, les enjoliveurs, les phares et même la partie visible des repose-tête à travers les vitres. Le plus important ici n'est pas l'aspect esthétique du dessin, mais la précision dans le placement des pièces et leurs proportions, un peu comme si vous faisiez une sorte de dessin technique.

Changez de place et essayez de dessiner la voiture de trois quarts. Cela demande beaucoup plus de travail et la vue de côté vous aidera peut-être à vérifier le placement des différents éléments. Le plus difficile sera de respecter les proportions, car les parties plus proches de vous sembleront nettement plus volumineuses que celles plus éloignées.

Exercice 2

Après avoir tenté de dessiner une voiture, passez à la bicyclette, qui est assez difficile, elle aussi, mais moins volumineuse. Dessiner un vélo se résume presque à une représentation linéaire, alors que la voiture est composée de grandes surfaces. N'essayez pas de tout dessiner dans les moindres détails. Concentrez-vous sur les principales parties du cadre et des roues.

Vous pouvez accentuer certains contours du cadre
et des roues pour un effet plus étoffé. Ce dessin-ci insiste
sur les formes du guidon et de la roue arrière.

LES FORMES NÉGATIVES

Jusqu'ici, vous avez probablement concentré toute votre attention sur les formes de vos sujets, sans vraiment penser à l'espace situé entre ces formes. Autrement dit, vous n'avez dessiné que l'espace positif. Cependant, tout ce qui se trouve autour, et que l'on appelle « espace négatif », est tout aussi important.

Pour mieux appréhender cet espace, dessinez d'abord une chaise, comme ci-dessous, en mettant bien en évidence les extrémités anguleuses des accoudoirs et des pieds, avec des accoudoirs de longueur identique et des pieds solidement ancrés au sol. Comme pour la voiture de la page 72, cet exercice tient plus du dessin technique que de l'œuvre d'art.

À présent, changeons de point de vue, sans changer de place. Noircissez tous les espaces compris entre les pieds, les barreaux, les accoudoirs et le dossier, de manière à obtenir une sorte de tirage en négatif. Ce ne sera pas facile au début, mais, en observant attentivement toutes les formes, vous finirez par obtenir une silhouette assez ressemblante. Cet exercice est d'une importance vitale, car il vous force à étudier tous les détails, y compris l'espace environnant, qui fait lui aussi partie intégrante de l'image finale. En observant minutieusement toutes les parties que vous n'avez pas l'habitude de dessiner, vous aurez aussi moins de difficultés à évaluer la taille et les proportions du sujet. Avec ce type d'exercice, vous perfectionnez non seulement votre technique, mais aussi votre regard d'artiste.

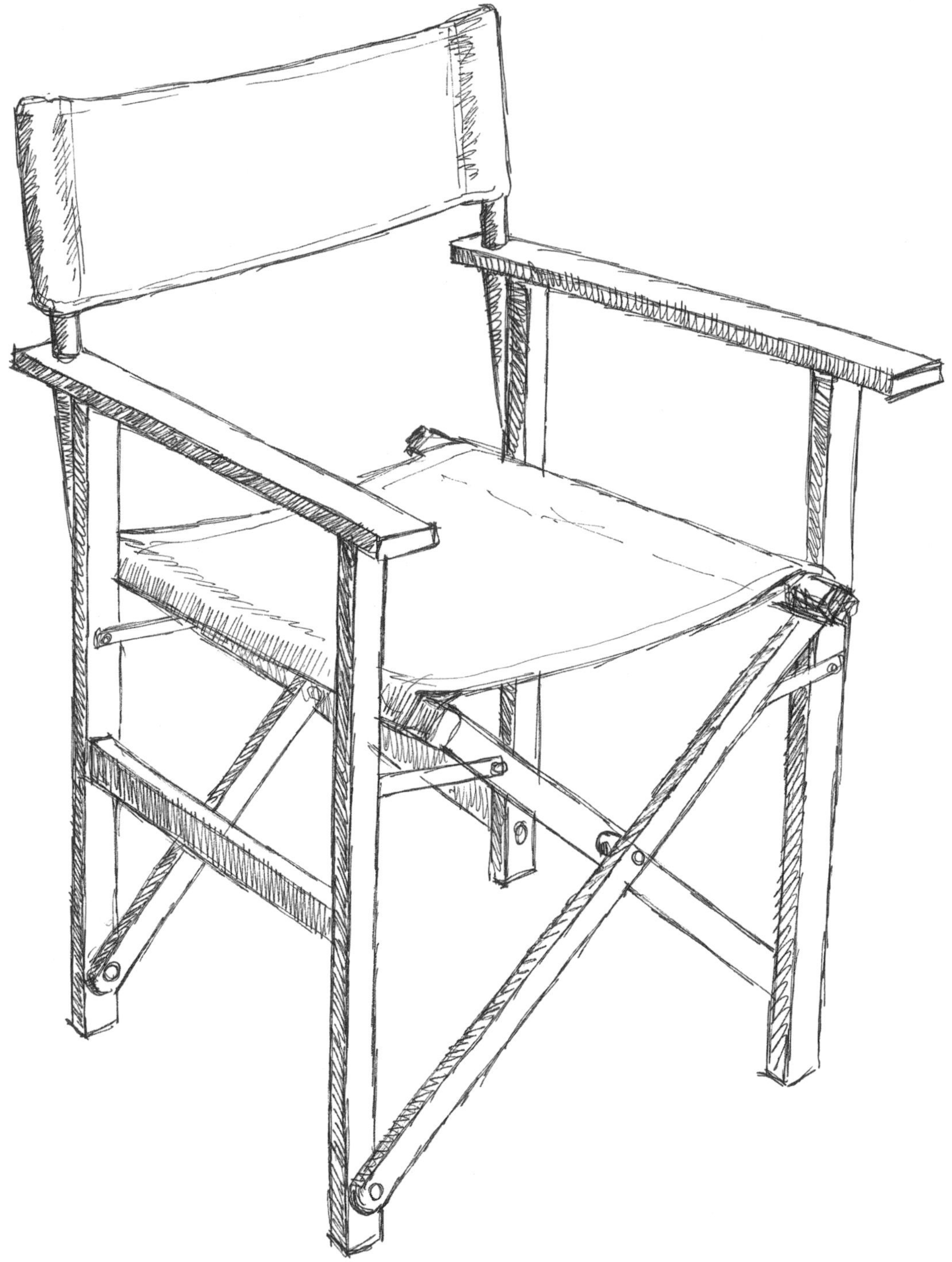

Terminez par un dessin d'observation, au crayon ou au stylo, en mettant l'accent sur le placement des détails et les proportions. Essayez d'être aussi précis que possible, sans pour autant prendre de mesure exacte.

LEÇON 4

LE MONDE EXTÉRIEUR

Cette leçon va vous pousser hors de chez vous, à la découverte des paysages alentour. Même si le paysage ne diffère pas vraiment des autres types de dessin, l'ampleur de la tâche a de quoi décourager, mais ne vous laissez pas impressionner.

Bien qu'assez courte comparée à d'autres, cette leçon vous demandera plus de temps, car elle exploite un sujet de grande envergure. Même si nous reviendrons sur ce thème un peu plus tard, ce chapitre vous apprendra comment placer des objets dans un environnement étendu et traiter un paysage dans son intégralité.

En dessinant à l'extérieur, vous serez sûrement confronté aux passants qui s'arrêteront pour regarder ce que vous faites. Dans l'ensemble, je trouve que les gens se montrent assez polis, mais, si cela vous met mal à l'aise, rappelez-vous que les seules opinions qui comptent sont la vôtre et celle de votre professeur. En fait, grâce à ce livre, vous devenez votre propre professeur, alors ne prêtez pas attention aux remarques désobligeantes. L'important, c'est que vous continuiez à dessiner.

L'EAU ET LES PLANTES

Pour vous mettre en confiance avant de vous lancer, examinez les différents éléments du paysage et dites-vous qu'un caillou, un rocher ou une montagne ne sont jamais qu'une seule et même forme, dont les dimensions varient d'un extrême à l'autre. De même, les tiges et les feuilles d'une plante d'intérieur ne sont qu'un arbre miniature, et une flaque d'eau, un lac minuscule.

Pour faire simple, commencez par verser un peu d'eau sur une surface plane, lisse et non absorbante, par exemple un plan de travail dans la cuisine. Vous obtenez une toute petite étendue d'eau qui réfléchit la lumière. Dessinez soigneusement les contours puis placez toutes les zones d'ombre visibles et remplissez-les au crayon. Comme vous pouvez le constater, il s'agit d'un dessin assez simple. Les petites éclaboussures y sont aussi représentées. Ce genre de détail vous aidera à vous familiariser avec l'eau et ses propriétés.

Revenons ensuite aux plantes, pour étudier plus en détail leur fonctionnement, sur le plan visuel. Ici, des petits buissons suffisants pour se familiariser avec le sujet, mais vous pouvez aussi choisir d'étudier de la végétation plus volumineuse. À vous d'évaluer quelle quantité de végétation vous aurez besoin de dessiner pour vous sentir à l'aise.

Intéressons-nous maintenant à ce pot d'hortensias, afin d'étudier ses grandes feuilles aux contours bien nets. Cette fois-ci, concentrez-vous sur les formes de base, la façon dont elles se superposent et la profondeur des ombres ainsi créées.

Ce figuier est un bon exemple de masse végétale, telle qu'on pourrait en trouver au sein d'un paysage plus vaste.

UNE ÉTENDUE D'EAU

Cet exercice va solliciter toute votre concentration et les acquis accumulés depuis le début de ce cours. Ce dessin représente une petite rivière avec très peu d'éléments autres dans le paysage. L'eau sera donc votre seul vrai problème. Mais quel problème ! En effet, il s'agit d'une surface mouvante, contrairement à la surface immobile d'un lac par un jour sans vent, et la tâche ne sera pas aisée.

Les reflets du rivage et des bâtiments forment une ombre à la surface de l'eau, mais tout est déformé par les vagues, qui reflètent la lumière et les ombres de différentes manières. Les valeurs sombres des plus grosses vagues mettent en évidence la surface de l'eau, alors n'hésitez pas à en ajouter autant que vous en voyez, tout en soulignant le contraste entre les valeurs sombres et les valeurs claires de l'eau.

N'ayez pas peur d'insister sur les valeurs les plus sombres, car l'eau a la particularité de réfléchir l'ombre et la lumière de façon très contrastée. À vous de déterminer au mieux le juste équilibre entre les différentes valeurs, des plus claires aux plus foncées. Prenez le temps de bien évaluer ces différences, car il s'agit d'une étape essentielle.

UN PAYSAGE FAMILIER

À présent, tentez de dessiner un paysage près de chez vous. Choisissez une belle journée, où vous n'aurez pas à lutter contre le vent ou à vous protéger de la pluie. En d'autres termes, pour votre premier paysage d'après nature, simplifiez-vous la tâche au maximum.

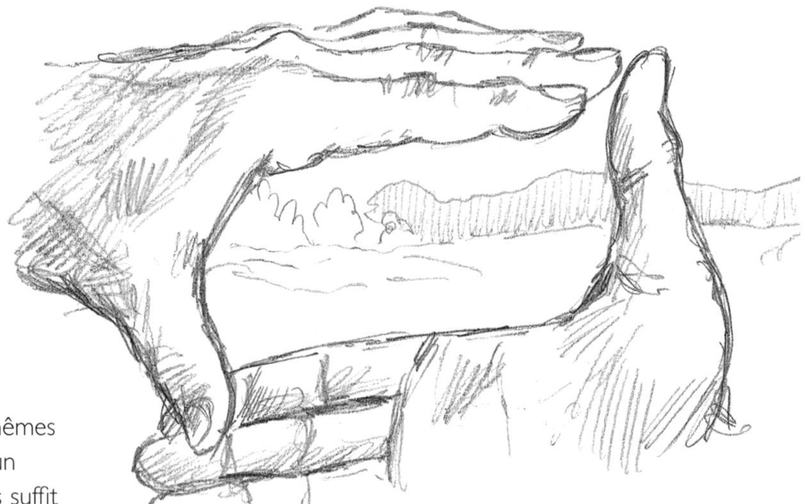

Préparation

Avant de sortir, réfléchissez à ce dont vous aurez besoin et à ce que vous allez dessiner. Prenez un carnet de croquis de taille adaptée (entre les formats A4 et A3). Préparez une demi-douzaine de crayons bien taillés, une gomme et un viseur. Vous pouvez fabriquer ce dernier en découpant un rectangle aux mêmes proportions que votre carnet de croquis au centre d'un morceau de carton. C'est un outil précieux, car il vous suffit de regarder à travers la petite fenêtre et de la déplacer pour trouver la composition idéale, sans être distrait par les détails environnants. Si vous oubliez votre viseur, vous obtiendrez un effet similaire en plaçant les mains comme indiqué ci-contre, mais la version cartonnée est plus pratique.

Étape 1

Choisissez ce que vous allez dessiner. Dans ce dessin, un grand arbre se dresse au premier plan, dans le premier tiers de la composition, et la lumière du soleil est plus intense du côté gauche. Cela crée des valeurs plus intenses dans le premier tiers de l'image et des détails très nets dans l'autre partie.

Étape 2

Commencez par les contours de l'arbre, puis par ceux des toits si votre paysage comporte des bâtiments, en vous concentrant d'abord sur le côté gauche avant de passer au côté droit. Cela aide à déterminer l'intensité des valeurs les plus sombres pour créer un effet équilibré.

Prenez votre temps, car le soin et l'attention que vous y portez font partie intégrante de votre apprentissage.

Étape 3

Travaillez les valeurs pour mettre en évidence les différentes textures des bâtiments et du tronc d'arbre. Par exemple, les traits horizontaux et légèrement ondulés au niveau des toits rappellent le relief des tuiles, ce qui rend l'effet plus convaincant. Pour la végétation, comme la haie du premier plan, quelques zigzags suggèrent la densité du feuillage. Essayez de tracer des lignes brisées à la surface du tronc, pour rappeler la rugosité de l'écorce. Ainsi, chaque partie du dégradé peut renforcer la qualité des différents éléments de la composition.

UN PAYSAGE URBAIN

Les paysages urbains peuvent se révéler aussi intéressants que les scènes rurales. Avant d'entreprendre votre premier paysage, dessinez des détails faciles à étudier, comme vous l'avez fait avec les petites étendues d'eau et de végétation.

Dessins préliminaires

Vous pouvez dessiner le haut d'une porte garnie de fer forgé, un groupement de cheminées et le faîte d'une maison, avec une fenêtre et des gouttières. Cependant, vous n'êtes pas obligé de vous en tenir aux bâtiments. Tout ce qui retient votre attention est bon à dessiner, même une simple poubelle près d'un portail ou une barrière autour d'un jardin. L'inspiration est partout pour qui sait regarder.

L'observation des toits n'est pas toujours facile, à cause des problèmes de perspective, mais après quelques essais vous serez déjà plus à l'aise.

Après avoir étudié les détails du paysage urbain, vous aurez sûrement envie de dessiner une scène urbaine typique. Installez-vous un après-midi dans une petite rue bordée de boutiques et de restaurants.

Étape 1

Esquissez d'abord les formes de base, en plaçant également les voitures stationnées et quelques promeneurs. Même si ces personnes ne font que passer, vous pourrez vous baser sur la silhouette des prochains promeneurs pour terminer votre dessin.

Étape 2

Quand la nuit commence à tomber et que les lumières de la ville s'allument, étudiez les contrastes entre l'éclairage des boutiques et des réverbères, d'une part, et la masse des bâtiments et des arbres au loin, d'autre part. En assombrissant le ciel, vous accentuerez nettement l'éclat des lumières. Ajoutez également les ombres formées par les reflets sur les pavés humides.

Étape 3

Après avoir mis en place les principaux éléments, passez à un travail plus subtil visant à recréer l'atmosphère nocturne de cette rue. Les détails des vitrines se résument à quelques traits le long des façades. Enfin, accentuez les valeurs les plus sombres pour donner du relief au paysage.

EAU ET ARCHITECTURE

Ici, le défi consiste à exploiter dans un même paysage tout ce que vous avez appris sur la représentation de l'eau et des ouvrages d'architecture. Cela vous demandera peut-être un peu d'organisation, afin de trouver l'endroit idéal. Alors, partez à la recherche d'un pont situé dans une zone urbaine, où il y a énormément de choses à dessiner.

Ce pont constitue à lui seul une très belle pièce d'architecture. Les câbles en acier qui soutiennent la chaussée au-dessus du fleuve forment d'amples courbes entre les gigantesques tours situées à chaque extrémité.

Esquissez d'abord la structure de base du pont ainsi que la surface de l'eau et les contours des principaux reflets. Les valeurs les plus sombres se situent sous le pont et aident à mettre le pont en valeur. Il ne reste plus qu'à travailler soigneusement les textures et la structure du pont, puis à ajouter l'arrière-plan et les effets à la surface de l'eau.

Les valeurs très sombres sur les parties principales du pont et l'ombre intense située juste en dessous créent un effet très graphique très intéressant. Comme toujours, l'eau est difficile à dessiner, mais la difficulté est contournée en ne dessinant qu'une petite partie de la rive opposée.

LEÇON 5

LE CORPS HUMAIN

Nous abordons maintenant l'un des thèmes les plus intéressants, les plus subtils mais aussi les plus complexes en matière de dessin. Le corps humain est un sujet que nous pensons tous connaître, car nous sommes tous humains. Cette proximité extrême nous incite souvent à nous fier à nos idées reçues plutôt qu'à nos observations, mais c'est aussi ce qui nous permet de repérer plus facilement nos erreurs… et nous empêche souvent d'être satisfaits de notre travail. L'avantage, c'est que cela nous pousse à redoubler d'efforts pour obtenir le résultat souhaité.

Il existe plusieurs approches dans ce domaine et nous exposons dans ce livre les plus évidentes d'entre elles. Avec le temps, vous découvrirez bien d'autres façons de dessiner le corps, mais mieux vaut commencer par une technique simple à comprendre et à appliquer.

Vous verrez comment simplifier le dessin et suggérer les mouvements du corps à travers ses formes. Nous nous pencherons aussi sur certains détails, y compris la vue en perspective et la méthode d'analyse des formes. Évidemment, comme pour les autres sujets, vos progrès seront fonction de votre capacité d'observation.

Vous aurez besoin de la collaboration de vos proches pour cette série d'exercices, mais généralement la plupart des gens sont heureux de se prêter au jeu.

LES PROPORTIONS DU CORPS HUMAIN

Bien sûr, les proportions diffèrent légèrement d'une personne à l'autre, mais, en moyenne, le corps adulte, masculin ou féminin, mesure entre 7,5 et 7,75 fois la hauteur de la tête. Cependant, on peut souvent simplifier en divisant le corps en 8 unités. Ce n'est pas vraiment dérangeant, car cela correspond souvent aux proportions des personnes de grande taille. En fait, il s'agit du rapport utilisé autrefois pour représenter les canons de beauté ou les héros. Vos modèles ne s'en plaindront sûrement pas ! Sans compter que 8 unités sont plus faciles à dessiner que 7,5.

Les corps masculin et féminin présentent les mêmes proportions en hauteur, mais diffèrent légèrement en largeur. Le corps masculin est plus large au niveau des épaules et le corps féminin, au niveau des hanches.

Corps masculin vu de face

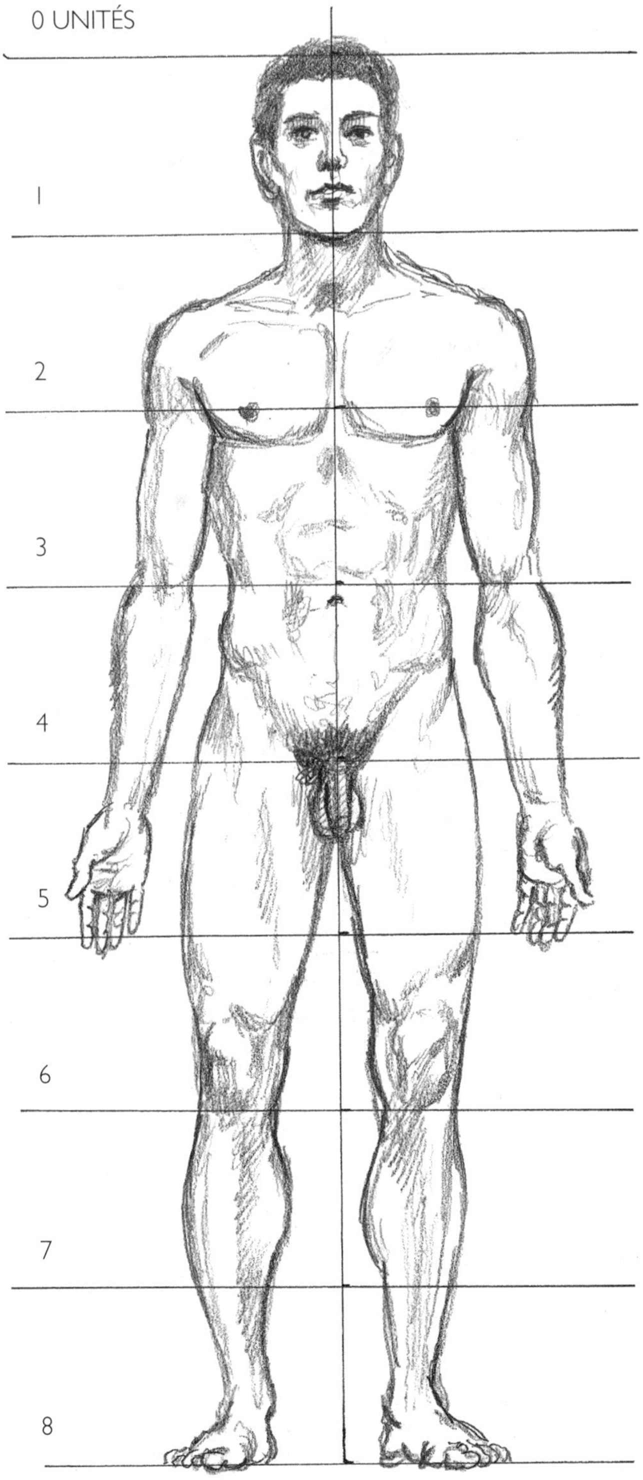

Corps féminin vu de profil

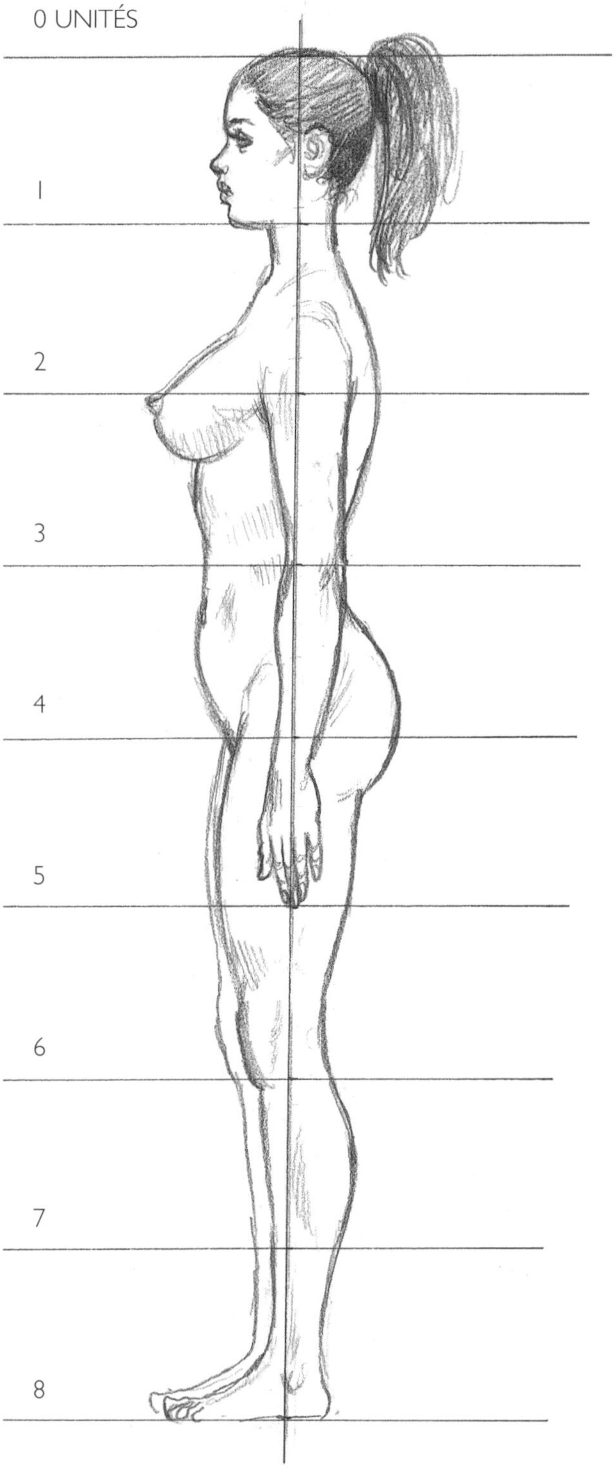

Enfant (9-10 ans) vu de face

Proportionnellement, la tête de l'enfant est beaucoup plus grosse. À 1 an, elle représente environ un quart de sa stature. Les proportions de l'enfant s'approchent de celles de l'adulte au fur et à mesure qu'il grandit. Vers 9-10 ans, sa stature équivaut à environ 6 têtes.

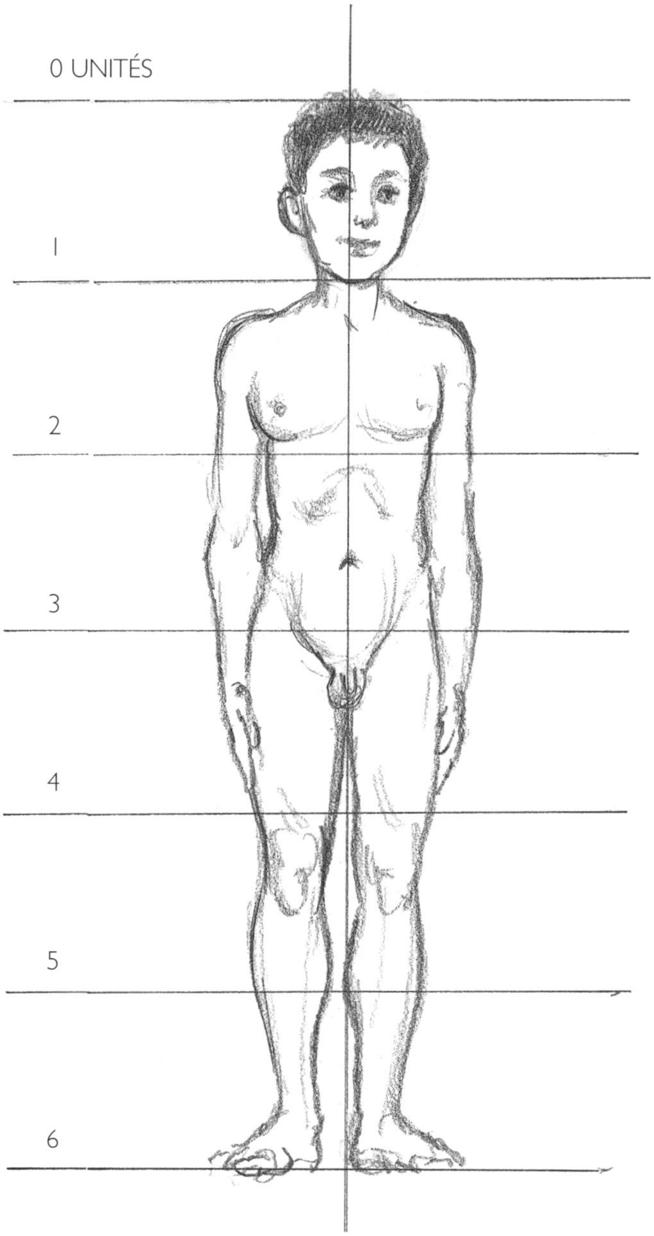

SILHOUETTES SIMPLIFIÉES

Pour observer le corps humain plus en détail, une petite collection de photos de personnes en action peut se révéler très utile. Même si les meilleurs dessins sont toujours réalisés d'après nature, les photos constituent aussi un bon point de départ, en particulier si vous les avez prises vous-même.

Dans un premier temps, limitez-vous à des représentations sommaires, c'est-à-dire une sorte de rectangle traversé par un axe central dans le sens de la longueur. Les exemples ci-dessous représentent des sujets presque immobiles, ce qui est idéal pour un premier essai, et deux d'entre eux ont été réalisés à partir de photographies. Allez toujours au plus simple, car le mouvement est si difficile à capturer que vous n'avez pas le temps de vous attacher aux détails. Répétez l'exercice plusieurs fois : consacrez trois à quatre minutes par croquis et dessinez de manière fluide et instinctive, même si les premiers essais sont ratés. Tous les artistes commencent de cette façon et seuls le temps et la pratique vous aideront à progresser.

La ligne de mouvement

Ces dessins illustrent la technique du « bonhomme bâtons », où l'on commence par tracer la ligne directrice du mouvement, pour mettre en évidence la souplesse du corps humain.

Dessinez un bonhomme bâtons avant de passer au tracé à proprement parler et gardez-le à côté de vos dessins plus élaborés, en guise de repère. Dessinez le corps aussi simplement que possible, sans vous attarder sur les détails et en n'accordant pas plus de dix minutes à chaque dessin.

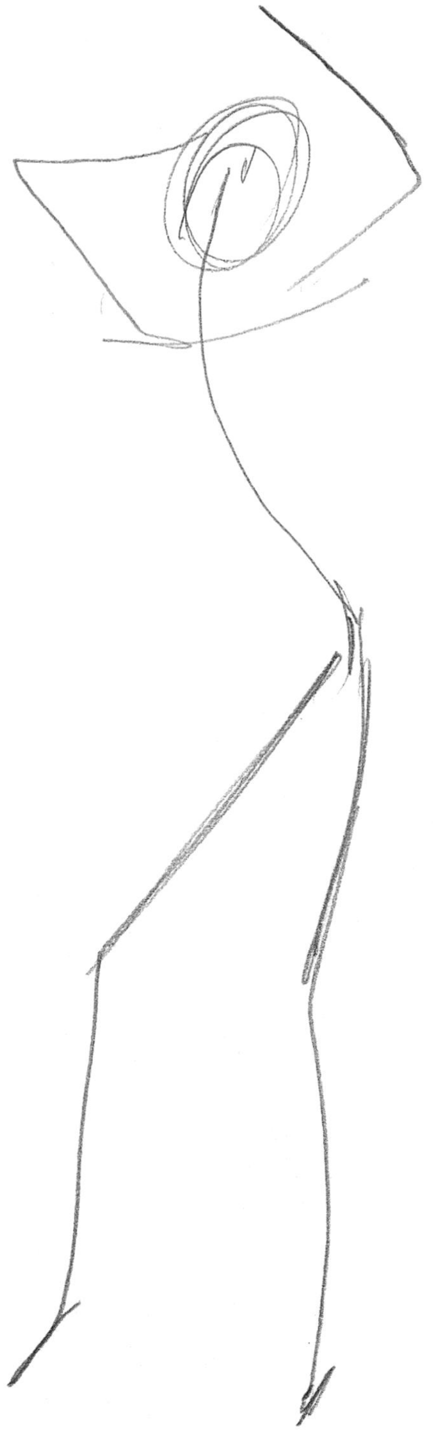

Les blocs

Les quatre dessins suivants sont conçus un peu différemment des précédents, car ils sont construits à l'aide de blocs et non de lignes épousant les mouvements. Cela invite à poser un regard un peu différent sur les modèles, en se concentrant sur l'aspect solide des formes.

Les poses immobiles des modèles laissent du temps pour dessiner.

Encore une fois, ces dessins ne comportent aucun détail. Même les traits du visage sont représentés de façon schématique. Choisissez pour ces études des poses plus calmes et détendues qu'auparavant.

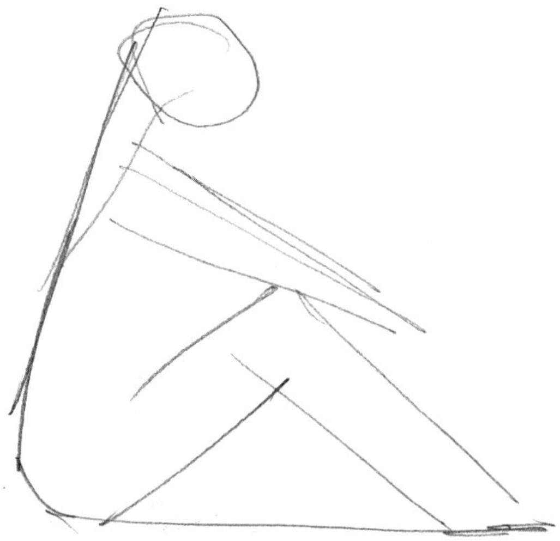

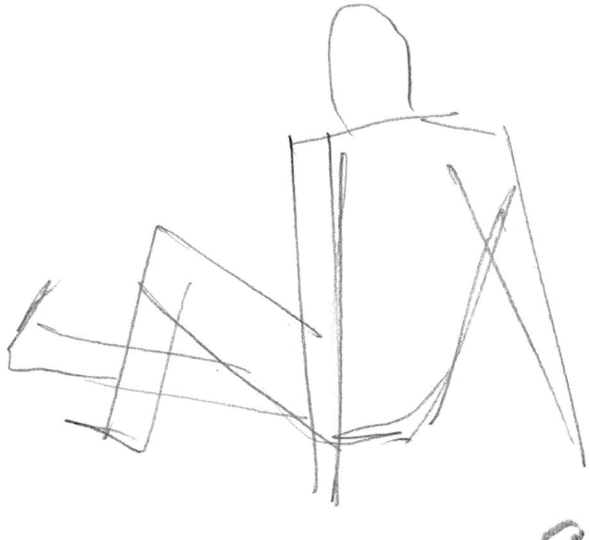

POSES EXPRESSIVES

Toujours sur le thème du corps humain, passons à des poses moins formelles mais plus expressives. Ces dessins ne représentent pas le corps dans son intégralité, car l'attention se porte avant tout sur la gestuelle. Là encore, vous serez peut-être plus à l'aise en vous basant sur des photographies, où l'instant aura été figé.

Tracez des blocs, comme pour l'exercice précédent, en vous concentrant sur les mains des modèles. Une jeune femme compte sur ses doigts, un homme semble attirer l'attention sur quelque chose, une autre jeune femme se recoiffe tandis que le dernier modèle s'est assis pour dessiner… comme vous, peut-être!

CORPS RACCOURCIS

Les dessins suivants s'intéressent à des modèles allongés ou assis. Certains de leurs membres paraissent donc plus courts, ce qui va vous compliquer la tâche. Observez attentivement les différences de proportions des membres, comparés à ceux d'une personne debout.

La jeune fille ci-dessous ramène les jambes vers l'arrière en prenant appui sur ses mains. Ses pieds et ses genoux sont projetés au premier plan et semblent disproportionnés par rapport au haut du corps.

Pour la jeune fille allongée par terre le corps en boule, le problème se situe au niveau des proportions des bras et des jambes, dû à l'angle de vue choisi.

Dans le cas de la jeune fille allongée, les jambes paraissent beaucoup plus courtes et la tête beaucoup plus grosse que ce à quoi on pourrait s'attendre. Mais quand on dessine, mieux vaut ne pas se fier à ses attentes et toujours observer attentivement son modèle pour ne dessiner que ce qu'on voit et pas ce qu'on s'attend à voir.

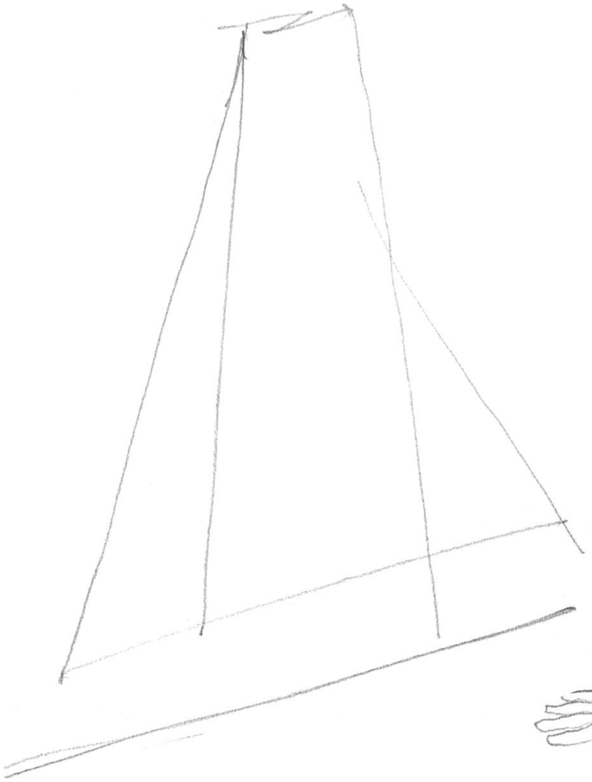

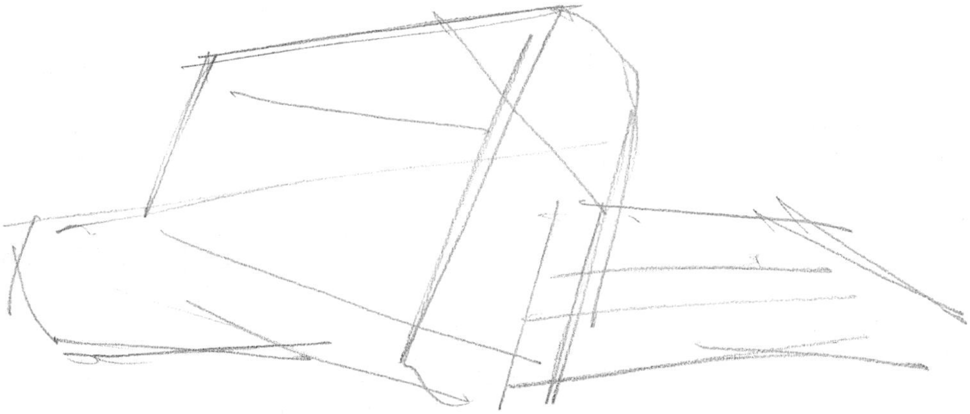

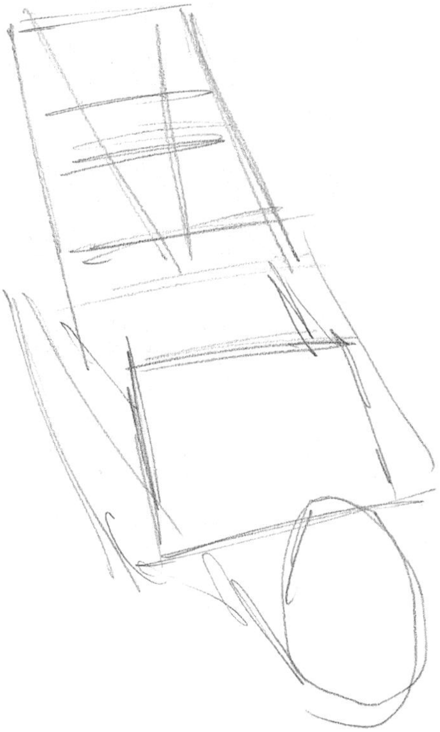

Autres exemples de corps raccourcis

Pour finir, voici trois exemples masculins où les membres semblent plus courts. Quand un proche pose pour vous, demandez-lui de s'asseoir en avançant ou en reculant un membre, pour que vous puissiez vous entraîner à représenter cet effet de perspective.

Le premier exemple est assez simple au niveau des jambes, mais les bras posent le problème du raccourcissement.

Le deuxième homme est presque vu d'en haut. Le bras sur lequel il s'appuie et le mollet de la jambe pliée ne sont presque plus visibles.

Le dernier exemple pose problème au niveau des bras et des jambes, alors observez attentivement votre modèle si vous essayez cette pose. Tous ces dessins sont plus intéressants à faire si vous les réalisez d'après nature, mais si vous ne trouvez pas de modèles suffisamment patients, basez-vous sur des photos (que vous aurez prises vous-même). Comme pour les exercices précédents, n'oubliez pas de dessiner les différents blocs avant de passer aux détails.

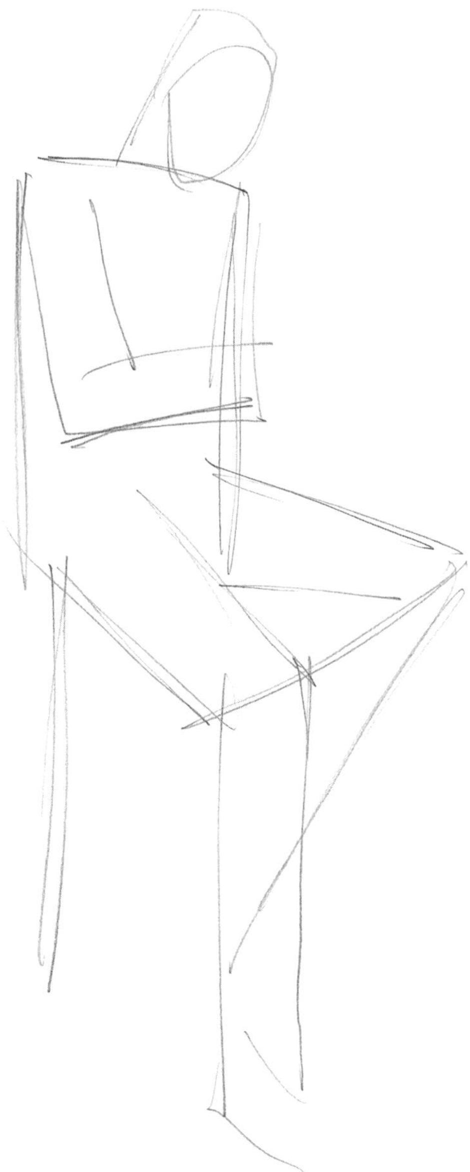

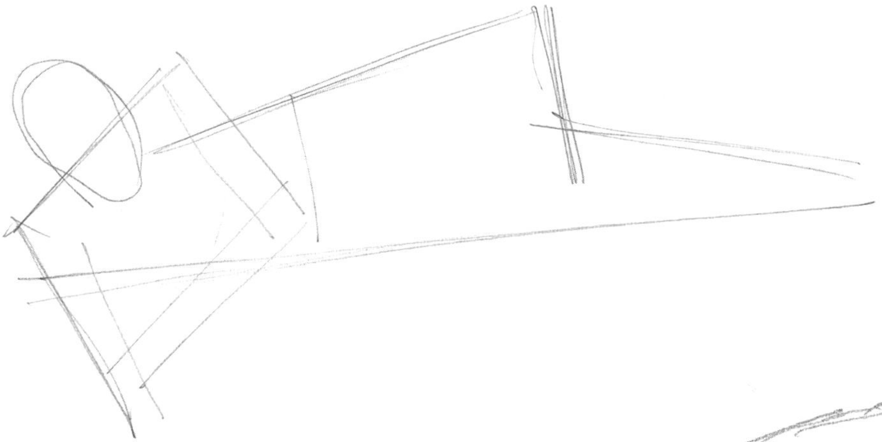

MEMBRES ET EXTRÉMITÉS

Étudions plus en détail les membres, les mains et les pieds. Vous n'êtes pas obligé de redessiner toutes ces poses, mais essayez d'en reproduire un maximum avant de passer à l'étape suivante. Encore une fois, pour réellement tirer profit de cet exercice, dessinez de préférence d'après nature. Vous pouvez vous prendre comme modèle, la plupart du temps, en vous plaçant face à un grand miroir.

Les bras et les mains

Dessinez d'abord plusieurs bras vus de différents angles, des bras d'hommes et de femmes, mais vous pouvez aussi être votre propre modèle. Même si les bras d'hommes sont différents de ceux des femmes, l'anatomie de base reste la même.

Modelez les formes de différentes manières, à l'aide de dégradés ou de hachures. Qu'importe le nombre de bras que vous dessinez, vous en apprendrez toujours un peu plus sur leurs formes en fonction de leurs positions. Si la structure du corps humain vous intéresse vraiment, un bon livre d'anatomie artistique vous sera d'une grande aide.

La main est un sujet d'une grande richesse. Répétez l'exercice du tracé autour de votre propre main (page 38) pour vous rappeler ses formes de base.

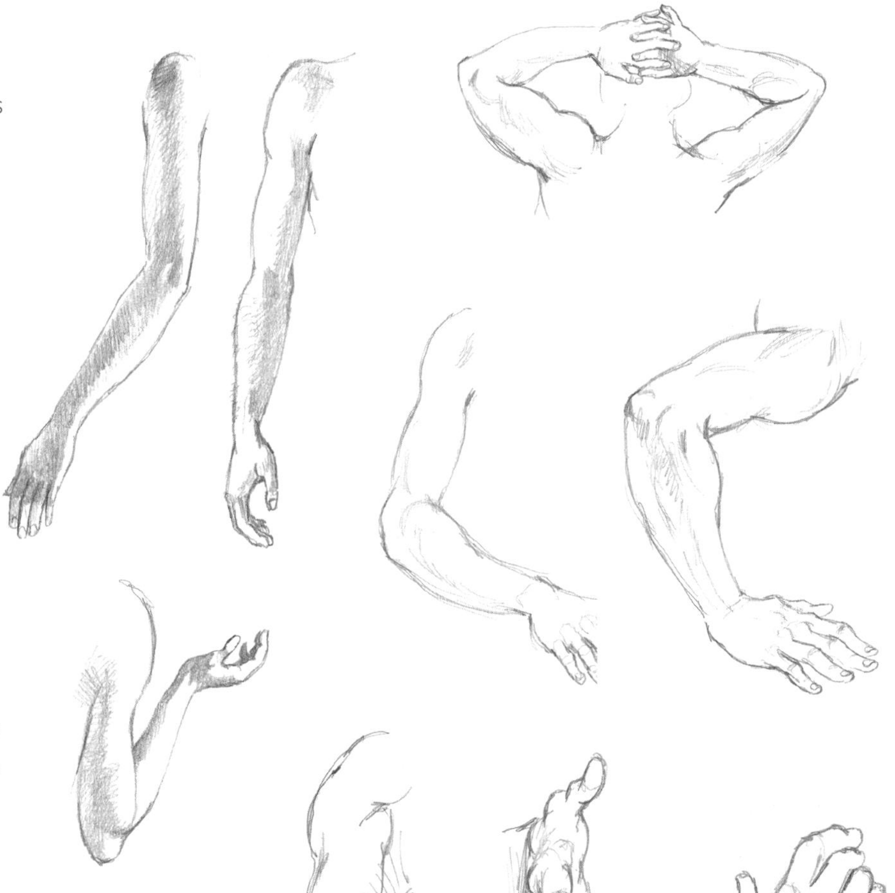

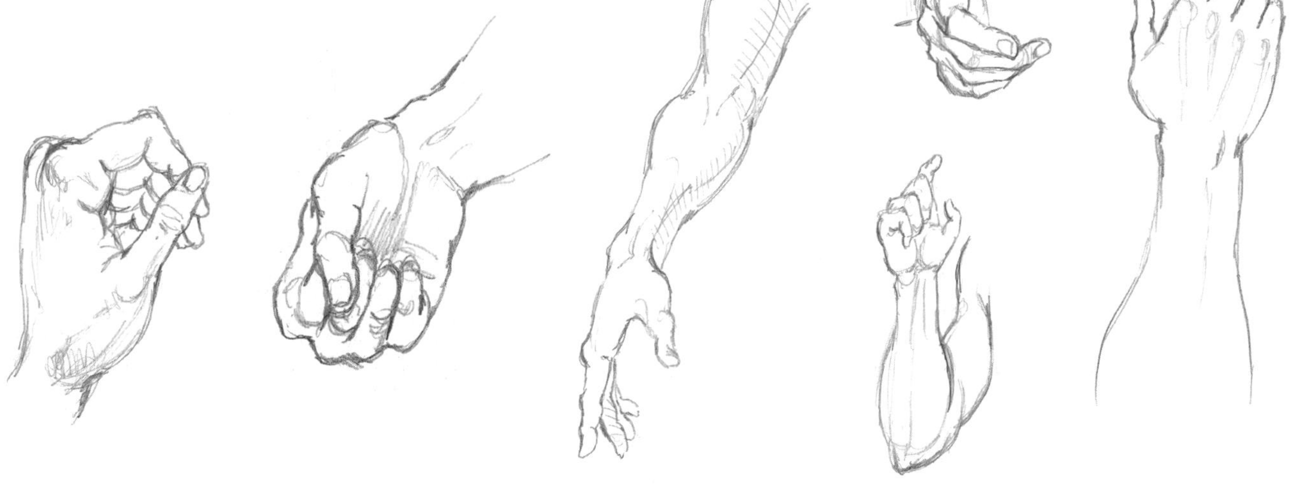

Les jambes et les pieds

Vous pouvez dessiner vos jambes et vos pieds en vous regardant dans un miroir ou demander à des proches de poser. Pensez à souligner la différence entre les formes féminines et masculines. Les premières sont plus douces, plus rondes, tandis que ces dernières présentent des contours plus affirmés. Cela dit, la différence sera moins prononcée entre la jambe d'une athlète et celle d'un homme sédentaire. Le plus dur est de trouver les bonnes proportions entre la cuisse et le mollet et de dessiner les genoux et les chevilles.

Variez les angles de vue : de face, de derrière, de profil, jambes croisées, etc. Cela vous aidera à comprendre les formes adoptées par les différents groupes de muscles, selon différents angles. Les muscles sont plus saillants quand la jambe se contracte. Le genou et la région de la cheville sont assez difficiles à dessiner et mieux vaut faire plusieurs ébauches.

Les pieds ne sont pas très compliqués, car ils sont moins flexibles que la main, mais les vues de face ou de derrière sont les plus problématiques.

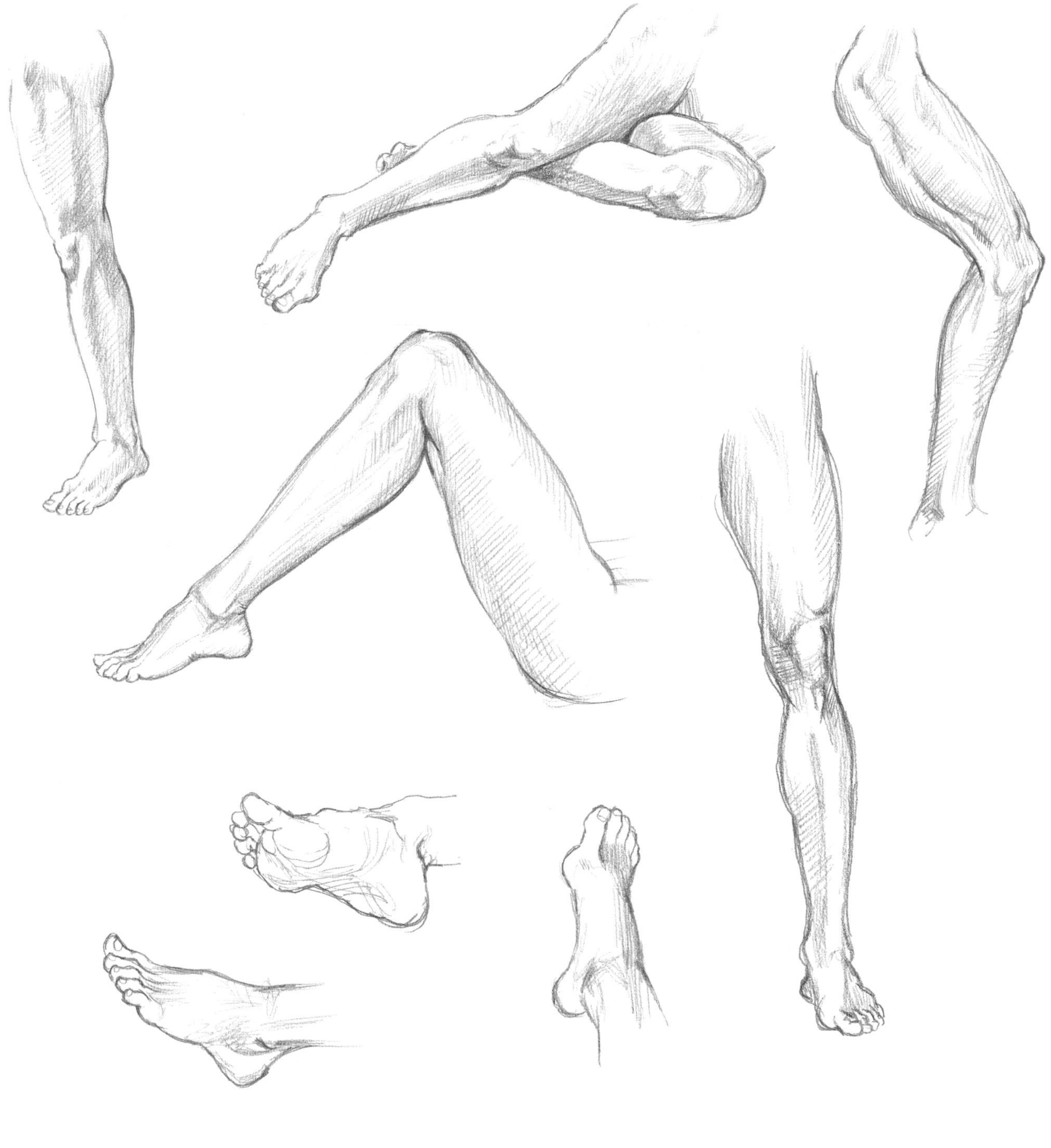

DESSINER UN CORPS ENTIER

Dessiner un corps dans sa totalité est le sujet par excellence du cours de dessin avec modèle. En général, le mieux que vous puissiez obtenir de vos proches sera une pose en maillot de bain, car, en dehors des rois et des reines de beauté, la plupart des gens sont trop complexés pour se soumettre à un examen détaillé. Cela vous donnera une vue d'ensemble du corps, mais, si vous souhaitez étudier en détail le relief des muscles et des os, optez pour un cours avec modèle. Un corps entier est ce qu'il y a de plus difficile à dessiner et, après avoir passé un certain temps à l'étudier, vous ferez des progrès notables, quoi que vous dessiniez. Alors commencez par dessiner une partie à la fois avant de vous attaquer au corps dans son intégralité.

La position debout, sans effet de raccourcissement, est la plus simple de toutes à dessiner, mais vous serez aussi amené à représenter des modèles assis, allongés ou dans toutes sortes de positions complexes, où les membres et le torse se tournent, se plient et se tordent, afin de montrer la façon dont ces différentes parties interagissent. Essayez de dessiner des modèles de différents âges, tailles et corpulences. Pour bien comprendre la mécanique du corps, vous pouvez asseoir le modèle sur une chaise pivotante que vous ferez tourner progressivement, afin de dessiner la même position vue sous différents angles.

Étudiez attentivement l'avant et l'arrière du torse, car ils présentent des musculatures très différentes. Si le modèle est allongé, placez-vous du côté de la tête, puis des pieds, pour voir de quelle façon l'effet de raccourcissement modifie notre perception des formes. Nous sommes plus habitués à voir des corps debout, et les formes varient énormément en fonction de la position adoptée. Aussi l'étude du corps humain améliorera votre capacité à vous concentrer et à dessiner n'importe quel autre sujet.

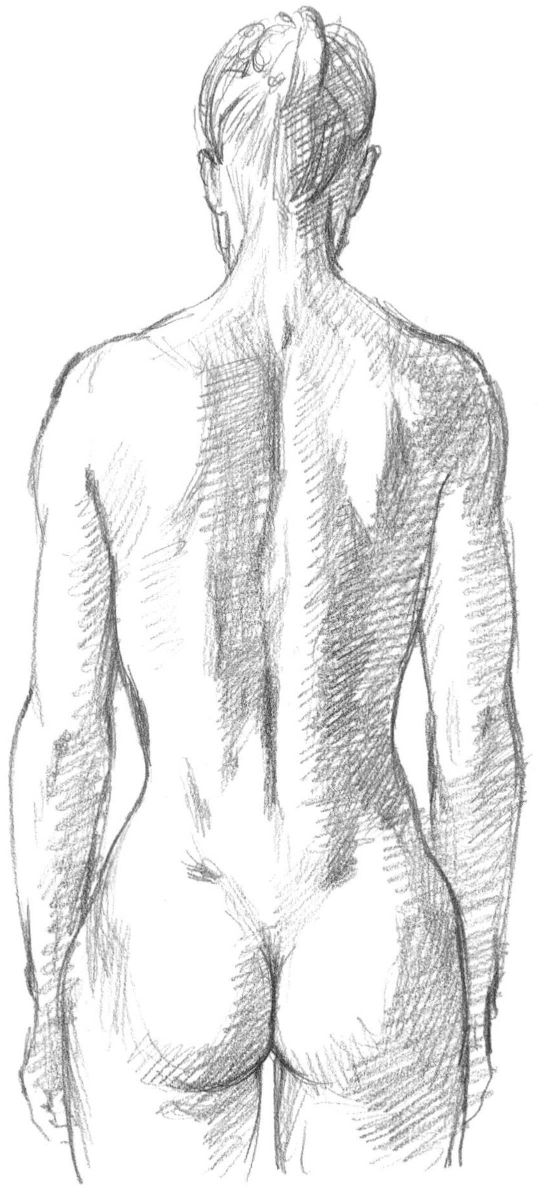

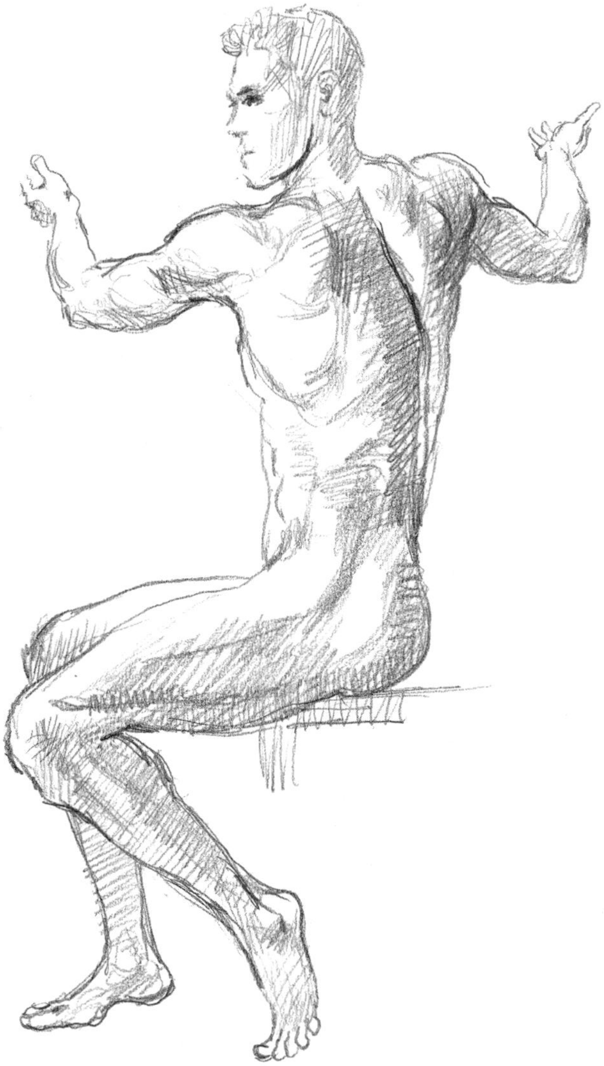

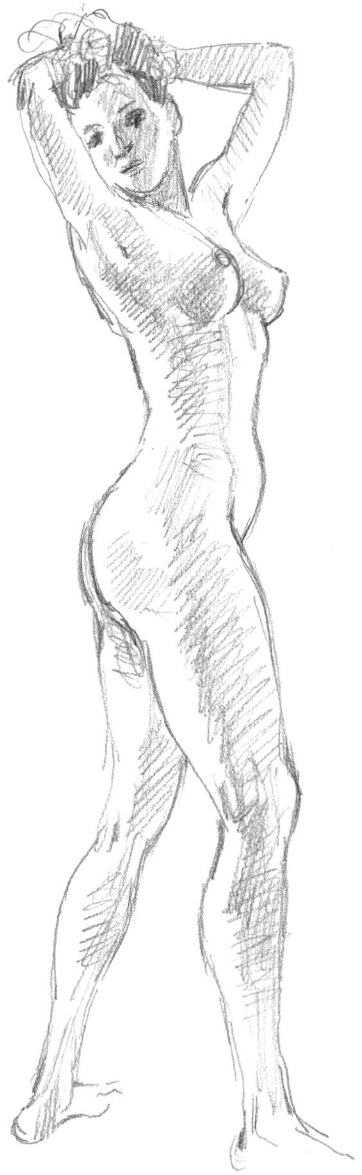

LA TÊTE : QUELQUES EXEMPLES

Cet exercice consiste à faire le portrait de quelqu'un et, pour le réussir, mieux vaut s'entraîner un peu. Les portraits de face et de profil ci-dessous vous indiquent les proportions de base. Celles-ci sont les mêmes pour les hommes et les femmes. Même si ce ne sont que des données indicatives, elles varient très peu d'une personne à l'autre et constituent un très bon point de départ.

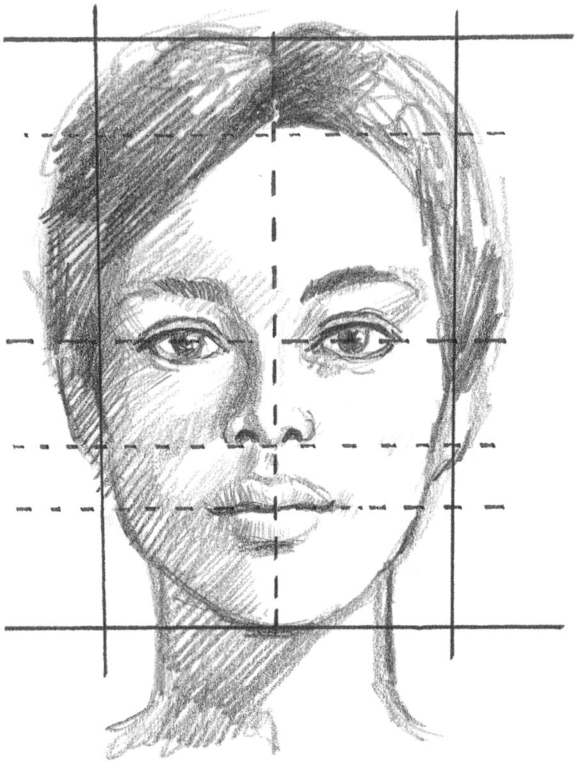

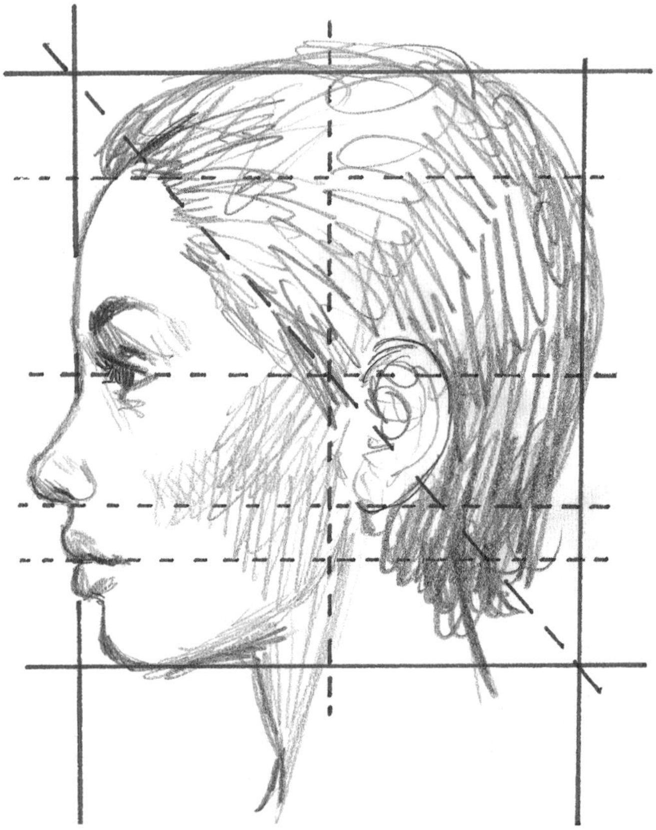

Le portrait de face montre que la tête est plus haute que large. Les yeux se situent à mi-hauteur. La longueur du nez équivaut environ à un quart de la hauteur totale de la tête, mais la bouche est située plus près du nez que du menton. La partie la plus large se situe juste au-dessus des oreilles et l'écart entre les yeux est égal à la longueur de l'œil, d'un coin à l'autre.

De profil, la chevelure occupe environ la moitié de la tête, selon un axe en diagonale. Si l'on exclut l'avancée du nez, la tête est à peu près aussi haute que large. L'oreille se situe juste derrière l'axe vertical du centre. De profil comme de face, l'écart entre la bouche et la pointe du menton, d'une part, et la ligne d'implantation des cheveux et le sommet du crâne, d'autre part, est d'environ 1/5e de la hauteur totale.

Voici quelques exemples de têtes dans différentes positions. Étudiez-les bien, car vos modèles ne seront pas toujours exactement de face ou de profil. Certains de ces exemples sont vus en légère plongée ou contre-plongée. Dans le premier cas, le sommet du crâne occupe plus de place et la bouche disparaît presque sous le nez, alors que dans le second cas la mâchoire et le nez semblent plus courts et cachent une partie du regard.

Tous ces dessins sont composés à l'aide de blocs, ce qui souligne l'aspect tridimensionnel de l'ensemble, et pas uniquement celui du visage. Cette technique est importante à travailler quand on débute, car elle aide à percevoir le volume global de la tête, que beaucoup d'artistes débutants ont tendance à négliger.

Voici encore d'autres exemples de têtes, dotés de chevelures et de traits plus réalistes, cette fois. Essayez de dessiner un maximum de versions différentes, car cela vous aidera à réaliser des portraits plus fouillés. Essayez de travailler d'après nature autant que possible et basez-vous sur des photos, si vous n'avez pas d'autre choix. Vous remarquerez que les ombres sur le visage servent non seulement à lui donner du volume, mais aussi à le rendre plus expressif.

LE PORTRAIT EN PIED

Cet exercice est la récompense de tous les efforts fournis jusqu'ici : faire le portrait en pied d'une personne qui aura accepté de poser suffisamment longtemps pour vous. Si vous prenez un enfant pour modèle, proposez-lui de regarder un film qu'il aime pour qu'il reste en place suffisamment longtemps ! C'est une leçon en soi : veillez au confort et au plaisir du modèle. Vous aurez ainsi plus de temps pour le dessiner !

Étape 1

Commencez par les contours généraux. Faites simple et corrigez un maximum d'erreurs dès le départ pour gagner du temps par la suite.

Étape 2

Placez toutes les ombres importantes, toujours de façon simplifiée. C'est à cette étape du dessin que le visage doit devenir reconnaissable.

Étape 3

Une fois que tout est correctement dessiné et aux bonnes proportions, vous pouvez passer aux détails et donner vie à votre image. Faites particulièrement attention à la tête, car c'est à cela qu'on verra qu'il s'agit bien du portrait de votre modèle et de personne d'autre. Ce n'est pas aussi difficile qu'il y paraît, car nous possédons tous une formidable capacité à distinguer les visages humains. Observez très attentivement votre modèle, et vous reproduirez facilement ses traits. Ajoutez les valeurs de manière à souligner la fermeté ou la douceur des textures.

Même si cet essai n'est pas une réussite, il vous aidera à faire mieux la prochaine fois, lorsque nous aborderons le portrait de façon plus détaillée, pages 244 à 269.

LEÇON 6

MATÉRIEL ET TECHNIQUES

Cette série d'exercices va vous permettre d'essayer différents matériels traditionnels. Chaque exemple illustre les possibilités et les avantages de chacun, sans pour autant en faire une liste exhaustive. À chaque matériel sa technique, mais, avec la pratique, vous gagnerez en confiance et vous serez sûrement tenté de combiner les techniques et les outils pour prolonger l'expérience.

Pour chacun de vos futurs dessins, vous choisirez votre matériel en fonction du sujet et de la façon dont vous souhaitez le représenter. Même lorsque vous aurez trouvé celui qui convient le mieux, continuez d'essayer d'autres techniques et d'autres outils, afin d'élargir votre répertoire et d'acquérir une bonne maîtrise de ceux que vous préférez. Tout cela fait partie des compétences techniques de l'artiste, et, aussi terre à terre que cela puisse paraître, c'est là que se mêlent travail et plaisir.

LES CRAYONS

Ces deux premiers exercices vous invitent à explorer différents types de crayons et les accessoires qui s'y rattachent. Il vous faudra : des crayons B, 2B, 4B et 6B ; un porte-mine et des mines de 0,5 mm pour tracer des traits d'épaisseur régulière ; un bâton graphite 2B ou 4B servira pour réaliser les tracés amples ou les dégradés doux.

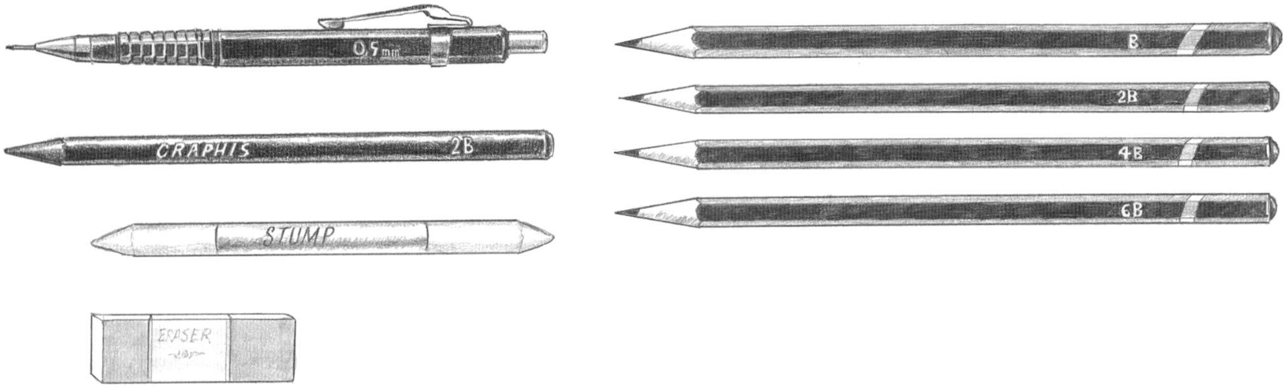

Vous aurez aussi besoin d'une gomme pour effacer les traits superflus, mais utilisez-la avec parcimonie, à moins que vous ne souhaitiez ajouter des reflets dans une zone d'ombre. La gomme mie de pain malléable est un bon outil, mais une gomme classique peut aussi convenir. Personnellement, j'utilise les deux. Évitez cependant les gommes très dures, qui ont tendance à déchirer la surface du papier.

L'estompe, destinée à étaler les traits de crayon, vous aidera à obtenir des dégradés de gris réguliers. La taille importe peu, mais il est souvent utile d'en avoir une fine et une plus épaisse. Cet accessoire est vendu uniquement dans les boutiques spécialisées.

Un appareil photo numérique, si vous en possédez un, vous permettra de prendre des photos de votre sujet afin d'en conserver une trace objective qui vous servira de support pour commencer à dessiner ou pour corriger vos erreurs par la suite. C'est un outil tout à fait légitime, car les artistes ont toujours exploité tous les moyens à leur disposition pour réaliser leurs œuvres. Après tout, le dessin n'est qu'une illusion, et il est parfaitement naturel de vouloir utiliser d'autres outils pour rendre cette illusion plus convaincante. L'art est fait de faux-semblants.

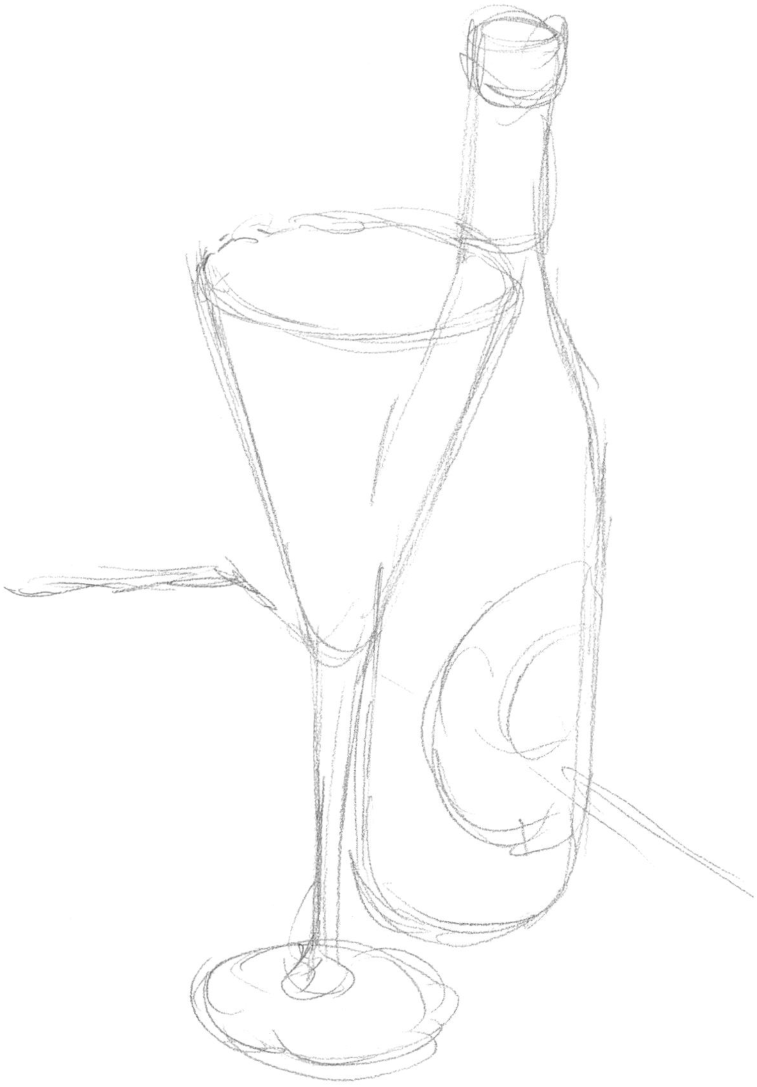

Exercice 1

Commencez par une nature morte composée d'un ou de deux objets. Ici, une bouteille et un verre à cocktail placés côte à côte pour qu'ils se chevauchent légèrement. Dessinez vos objets aussi simplement que possible, en traçant progressivement les contours à l'aide de fins traits brisés et incurvés. C'est une technique très simple et très agréable. Elle permet de tracer des contours approximatifs, sans définir précisément les formes, mais en les explorant. Alors laissez-vous porter, sans idée préconçue.

Essayez ensuite de dessiner les mêmes objets du même angle de vue, mais de façon plus précise. Maintenant que vous avez exploré votre sujet, vous avez une meilleure idée du résultat final et vous pouvez prendre le temps d'être plus précis. Corrigez vos traits à l'aide d'une gomme, jusqu'à obtenir des contours simples mais convaincants.

Exercice 2

Passez à une composition un peu plus complexe, mais pas trop difficile non plus, pour éviter d'être déçu. Mieux vaut ne pas se montrer trop ambitieux quand on débute, au risque de se décourager et de perdre confiance en soi. Un panier de pommes, de poires et de mandarines est un sujet complexe mais qui ne présente pas de difficulté insurmontable. Esquissez d'abord les formes principales, comme vous l'avez fait pour la première partie de l'exercice précédent. Corrigez dès à présent toutes les erreurs visibles à l'aide de la gomme.

Quand les contours vous conviennent, repassez-les soigneusement en plaçant les valeurs les plus sombres autour des fruits et du panier, de manière à souligner les volumes. Cependant, tâchez de conserver une approche minimaliste en ajoutant juste assez d'ombres pour donner aux objets la consistance nécessaire. Cela rappelle la manière dont Cézanne donnait corps à ses dessins.

CRAYON ET VALEURS

Exercice 1

Penchons-nous sur les valeurs du dessin. Là encore, vous commencerez par tracer les contours généraux avant de construire les dégradés et de définir les zones d'ombre et les textures. Le but est de ne pas accentuer les contours, mais de mettre en valeur les zones d'ombre et de lumière, au détriment du trait. Une fois cette étape terminée, on ne doit plus voir de contours nets mais des dégradés.

Étape 1

Grâce aux formes amples et relativement simples de ce fauteuil placé près d'une fenêtre, on évite de se perdre dans les détails des contours. Tracez les contours de votre sujet aussi simplement que possible, sans vous attarder sur les détails trop complexes.

Étape 2

Choisissez une valeur correspondant au ton le plus clair de l'image, en dehors des rehauts, qui doivent rester parfaitement blancs, et appliquez-la de manière uniforme sur toutes les zones où poser des ombres.

Étape 3

À présent, votre dessin n'est plus défini par ses contours mais par de grands à-plats de gris. Ajoutez soigneusement les ombres les plus intenses, jusqu'à ce que vous obteniez des masses sombres assez nettes, révélant les formes principales du sujet.

Étape 4

Il ne vous reste plus qu'à travailler les dégradés progressivement pour mettre en valeur les détails les plus visibles. Continuez jusqu'à ce que votre dessin ressemble aux formes tangibles placées sous vos yeux. Même si cela prend parfois du temps (deux à trois heures), cet exercice est très plaisant et très enrichissant.

Exercice 2

Le dernier exercice au crayon est une nature morte représentant une scène du quotidien composée d'une bassine de haricots, d'une paire de chaussures et d'un bouquet de fleurs posés sur un pas-de-porte. Les étapes seront les mêmes que pour les exercices précédents. Cette fois, cependant, le but n'est pas de mettre l'accent sur les contours ou sur les valeurs, mais de faire tout le nécessaire pour obtenir une représentation convaincante de la scène.

Commencez par définir les formes principales, puis travaillez les contours et les dégradés de manière à créer une représentation crédible de la scène. Tout est permis pour cet exercice, y compris l'emploi de la gomme pour éclaircir des zones ombrées par erreur.

LES PASTELS

Le pastel est un matériel traditionnel qui se présente sous différentes formes, des craies grasses au fusain. Les pastels les plus tendres, généralement de forme cylindrique, sont l'outil favori de beaucoup d'artistes, mais ils coûtent cher et s'usent assez rapidement. Il en existe de plus durs, qui sont aussi très bons et se présentent sous forme de bâtons rectangulaires.

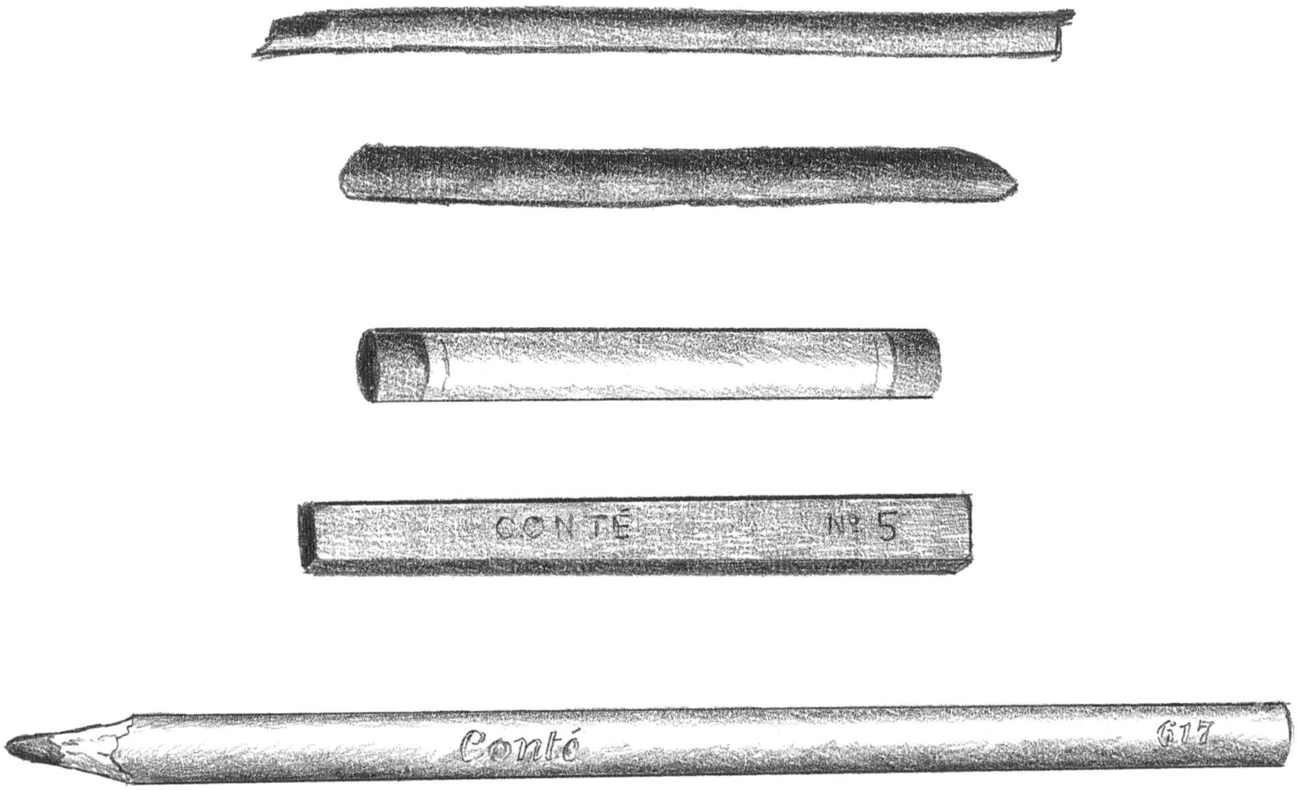

Le fusain de saule est très tendre et c'est le plus couramment utilisé. On peut s'en servir pour n'importe quel type de dessin, mais il donne de meilleurs résultats avec de grands formats. Vous pouvez l'étaler avec le doigt, un mouchoir ou une estampe, comme pour le crayon. Procurez-vous des fusains de différents diamètres et essayez-les d'abord sur une feuille de brouillon, car ils sont friables. En effet, l'un des avantages du fusain est qu'il vous force à garder la main légère. Il permet également de couvrir de grandes surfaces assez rapidement et s'efface très facilement.

Le graphite est une sorte de pastel ou de fusain comprimé facile d'utilisation et peu friable. Il a toujours été très prisé des dessinateurs. Il existe aussi sous forme de crayon, parfois appelé « crayon fusain ». Celui-ci est moins polyvalent que le simple bâton, mais il possède l'avantage non négligeable d'être moins salissant.

Le fusain et le pastel ne tiennent pas très bien sur le papier et vous aurez besoin d'un bon fixateur en spray pour terminer votre dessin. Vous en trouverez dans toutes les boutiques de matériel d'art.

Comme pour le crayon, commencez à explorer les possibilités qu'offre ce matériel avec des dessins linéaires. Comme vous le constatez, les traits sont plus crayeux, plus doux et permettent de créer de très beaux effets de textures à qui sait s'en servir.

Dessinez d'abord une forme familière, à savoir votre main. Procédez comme pour votre premier dessin au crayon, en découvrant la forme au fur et à mesure que votre pastel en dessine les contours. Ces traits sont difficiles à gommer, alors n'appuyez pas trop sur le bâton au début.

Pour le dessin suivant, intéressez-vous à une plante en pot, mais n'importe quel objet simple conviendra.

PASTEL ET VALEURS

Exercice 1

Pour simplifier l'étape suivante, prenez plutôt une photo pour modèle. Choisissez un cliché de qualité, riche en dégradés. Une photographie ne vous donnera jamais autant d'informations qu'un modèle vivant, mais l'avantage, à ce stade, est qu'elle facilite l'étude des valeurs.

Tracez les contours principaux de la tête et du visage, en vous rappelant que le pastel est difficile à gommer.

Ensuite, comme pour le fauteuil, appliquez une ombre uniforme mais aussi légère que possible, sur toutes les zones plus ou moins sombres.

Enfin, pour terminer, ajoutez les valeurs les plus intenses, pour que votre dessin commence à ressembler à la photo qui vous sert de modèle.

Exercice 2

Essayez de dessiner une nature morte simple, afin de constater les progrès accomplis, par exemple un groupe de trois carafes posées sur un buffet, sur un fond sombre.

Dessinez les contours généraux, comme à votre habitude. Manipulez votre pastel délicatement et tâchez de tracer des contours aussi fidèles que possible.

Appliquez une valeur uniforme sur l'ensemble du dessin, sauf au niveau des rehauts. Ces carafes sont de couleur sombre, mais leur matière relativement brillante offre des reflets éclatants.

Une fois que vous avez les contours et les ombres de base, travaillez les valeurs jusqu'à obtenir un effet proche de ce que vous observez. Ce médium crée un bel effet de volume et de texture. N'oubliez pas de fixer le dessin pour éviter qu'il ne se salisse.

L'ENCRE ET LE FEUTRE

Cette technique fait la part belle au trait, puisque même les dégradés sont composés de hachures ou de petits motifs, et demande donc beaucoup de patience quand on travaille sur de grandes surfaces, mais la finesse des traits en fait la technique idéale pour les très petits dessins.

Il existe beaucoup de variétés de feutres et d'encres, la plus traditionnelle étant la plume trempée dans l'encre de Chine, indélébile ou bien soluble à l'eau. Il existe aussi des encres acryliques, mais elles ont tendance à abîmer la pointe de la plume. C'est une encre d'un noir profond, mais les versions solubles peuvent être diluées à volonté.

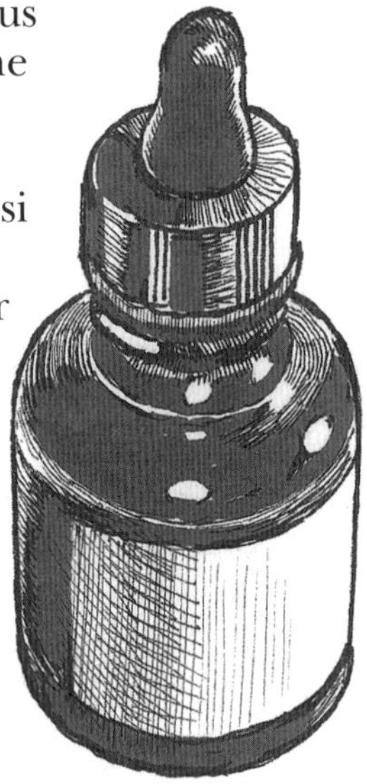

Vous aurez besoin d'une plume à dessin à pointe fine, différente de celles destinées à la calligraphie. On en trouve dans toutes les boutiques spécialisées et il en existe de différentes tailles et différentes finesses. À vous de les essayer pour trouver celle qui vous convient le mieux. La flexibilité aussi varie d'un modèle à l'autre, et là encore c'est à vous de déterminer celle que vous préférez.

Il existe aussi une grande variété de stylos-feutres, dotés de différents types de cartouches d'encre et de pointes plus ou moins fines. Les plus fines ont un diamètre de 0,1 mm, mais elles existent aussi en 0,3, 0,5 ou 0,8 mm. Encore une fois, essayez-en plusieurs pour voir celle que vous préférez. Néanmoins, une plume et un flacon d'encre dureront plus longtemps et permettent parfois de tracer des traits de moins de 0,1 mm d'épaisseur.

Pour les grands à-plats noirs, prenez plutôt un gros marqueur. Il en existe de différentes épaisseurs et leur encre est la même que celle des stylos-feutres plus fins.

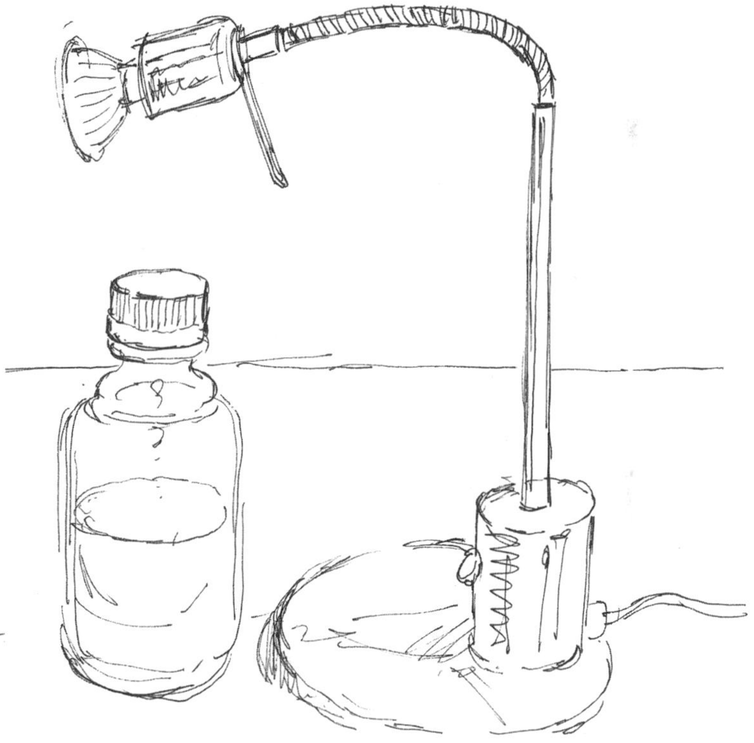

Passons à la pratique. Essayez d'abord de dessiner une sphère posée sur une surface devant un fond sombre. Ce dessin n'a pas été réalisé d'après nature, mais se base sur l'observation de la lumière sur un objet sphérique. La texture des dégradés est composée de fines hachures croisées. Cette technique met en évidence à la fois les zones d'ombre et de lumière. En persévérant ainsi, vous pourriez noircir la surface entièrement.

Pour créer cette illusion, faites très attention à l'espacement de vos traits, de manière à assurer une transition subtile, des valeurs les plus intenses aux plus claires. Le fond sombre fait ressortir la sphère et le croissant d'ombre le plus sombre n'épouse pas parfaitement le contour, mais est légèrement décalé. Cette fine bordure correspond au reflet de la surface sur laquelle la sphère est posée.

Essayez ensuite de réaliser un portrait linéaire, exactement comme avec le crayon, mais en vous rappelant que, cette fois, la gomme ne vous sera d'aucune aide. Ne vous précipitez pas et explorez les formes de la tête grâce à un tracé délicat.

Enfin, dessinez quelques objets quelconques trouvés autour de vous, en vous limitant à de simples contours linéaires, comme une lampe de bureau, un flacon…

NATURE MORTE À L'ENCRE

Le prochain défi consiste à réaliser une composition entière à l'encre. Ne vous lancez pas d'emblée dans un projet trop vaste. Avec la pratique, vous serez bientôt capable de couvrir de plus grandes surfaces, mais cela prendra du temps.

Prenez une nature morte assez simple, mais qui présente des valeurs très sombres. Il vous faudra donc travailler rapidement pour pouvoir construire tous les dégradés de manière satisfaisante. En choisissant un sujet mieux éclairé, vous allégerez la masse de travail.

Le caractère définitif du trait à l'encre est un réel inconvénient. Pour être sûr d'obtenir des contours réussis, vous pouvez les tracer au crayon avant de les repasser à l'encre. Vous pouvez gommer les traits au crayon avant de passer à la suite. Dessiner à l'encre sans tracer les contours au crayon est une technique intéressante, mais à réserver aux dessins plus petits.

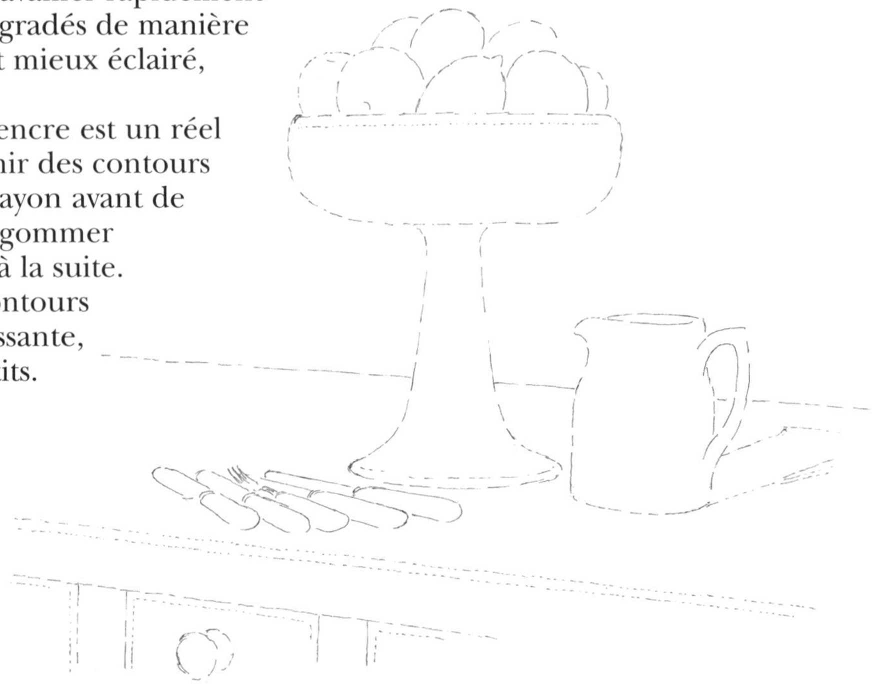

Tracez les contours de la composition au crayon puis repassez-les à l'encre, très finement, comme ci-dessus.

À l'aide de petits traits verticaux, ajoutez une valeur claire et uniforme sur toutes les zones où la lumière n'est pas reflétée. Une fois cette étape terminée, les contours ne seront presque plus visibles, alors ne chargez pas trop les traits, ou vous aurez du mal à distinguer les formes.

Construisez les dégradés. Faites des hachures en diagonale pour les valeurs un peu sombres, des hachures horizontales pour les valeurs un peu plus sombres, et ajoutez des hachures en diagonale allant dans le sens opposé pour les valeurs encore plus intenses. Une fois que vous avez hachuré dans le sens horizontal, vertical et dans les deux diagonales, continuez dans tous les sens possibles pour obtenir les valeurs les plus sombres. Si certaines zones vous semblent trop claires, couvrez-les de lignes ondulées et de zigzags. Tout cela prend du temps, alors prévoyez des plages de temps assez larges pour travailler cette technique.

PINCEAU ET LAVIS

La technique du lavis ressemble à l'aquarelle traditionnelle, mais sans la couleur, puisqu'elle consiste en un dégradé de gris et de noir.

Il vous faudra : des pigments d'aquarelle noirs ou de l'encre noire soluble à l'eau ; une palette d'aquarelle en plastique ou en porcelaine où diluer vos pigments ou votre encre ; un pot d'eau, en verre de préférence, pour savoir quand changer l'eau (pour une séance plus longue, mieux vaut prévoir deux pots) ; et au moins deux pinceaux, n°s 2 et 10, pour commencer (vous pourrez ensuite ajouter un n° 6 et un très gros pinceau quand vous maîtriserez mieux ces outils). Les pinceaux ronds en poil de martre sont les mieux adaptés, car ils possèdent les meilleures pointes et retiennent une grande quantité de liquide, mais ils sont aussi les plus chers. Si vous préférez attendre de savoir si cette technique vous plaît avant d'y consacrer plus d'argent, vous pouvez opter pour des pinceaux en poil d'écureuil ou même avec des poils en nylon, qui peuvent convenir sur une courte durée mais dont la pointe s'émousse rapidement.

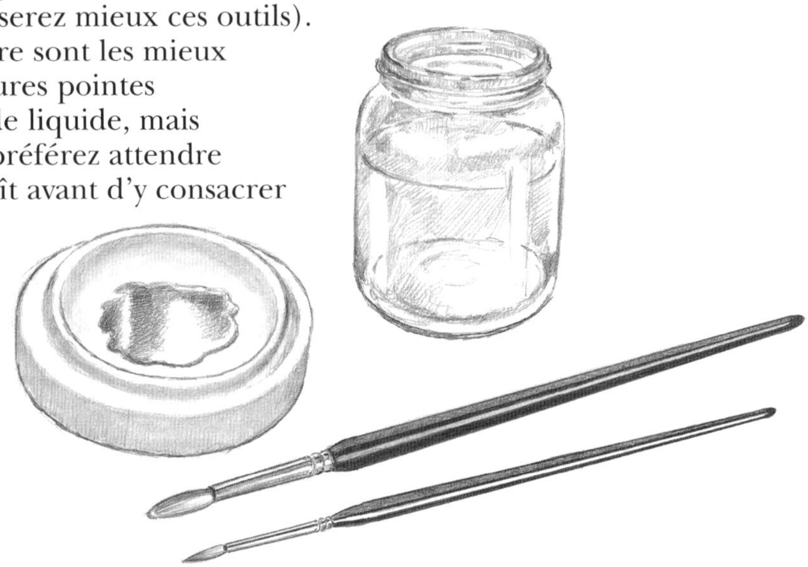

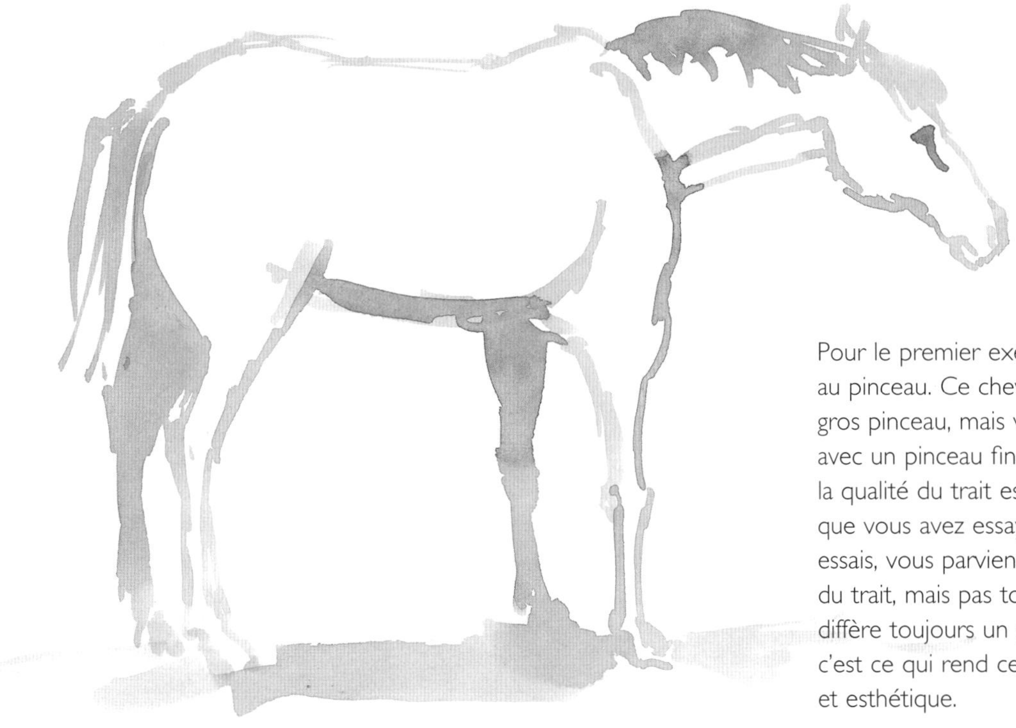

Pour le premier exercice, faites un dessin linéaire au pinceau. Ce cheval a été dessiné à l'aide d'un gros pinceau, mais vous serez peut-être plus à l'aise avec un pinceau fin. Comme vous le voyez, la qualité du trait est très différente de tout ce que vous avez essayé jusqu'ici. Après quelques essais, vous parviendrez à contrôler l'épaisseur du trait, mais pas totalement. Le résultat obtenu diffère toujours un peu de celui escompté, mais c'est ce qui rend cette technique à la fois ludique et esthétique.

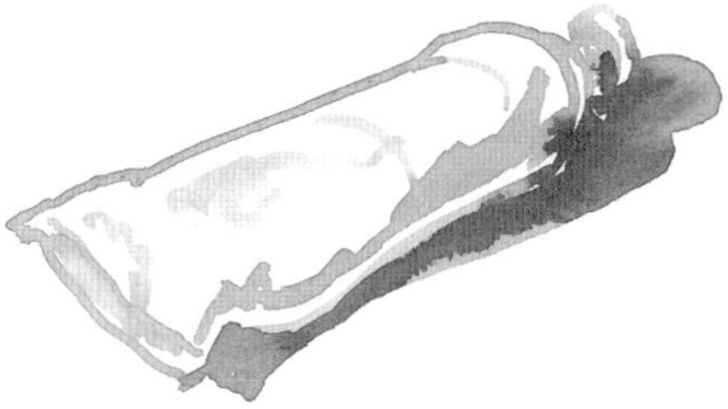

Cette femme en train de dessiner a été réalisée en variant l'épaisseur du trait. Les ombres et les lumières n'ont pas été travaillées pour ce premier dessin, les ombres les plus visibles ont juste été placées d'un simple coup de pinceau, comme pour le petit tube de peinture présenté ci-dessus.

Prenez un objet plus volumineux et essayez de travailler les dégradés à l'aide d'un gros pinceau, afin d'appliquer le liquide rapidement, sans lui laisser le temps de sécher. Les tons se mélangent facilement quand la peinture est encore humide, mais pour les ombres plus intenses et plus ciblées, attendez que la peinture sèche. Cette technique demande à la fois patience et rapidité.

NATURE MORTE AU LAVIS

Après ces quelques exercices, vous êtes sûrement plus à l'aise avec vos pinceaux et vous vous sentez prêt à entreprendre un projet plus ambitieux, par exemple la même nature morte qu'avec l'encre et la plume. Comme vous le constaterez, et bien qu'elles soient totalement différentes, ces techniques offrent toutes deux des résultats intéressants.

Tracez les contours avec le pinceau le plus fin. Si vous craignez de ne pas y arriver, dessinez-les d'abord au crayon puis repassez au pinceau. Effacez tous les traits de crayon visibles avant de continuer.

Appliquez une valeur aussi claire que possible sur toutes les zones d'ombre, en laissant les rehauts parfaitement intacts et en veillant à ne pas les couvrir par la suite.

Construisez progressivement les dégradés jusqu'aux valeurs les plus intenses. Une fois arrivé là, veillez à ne pas trop noircir le papier, ce qui est une erreur très courante. Votre composition est terminée. Vous pouvez maintenant la comparer à vos travaux au crayon, au pastel et à l'encre.

TECHNIQUE MIXTE

Cette technique consiste à en mélanger certaines, voire toutes celles que nous venons d'étudier, avec une introduction au collage.

Le premier sujet est assez simple et se prête bien à l'usage de multiples techniques. C'est un dessin relativement plat et graphique. Les contours, très fins, sont tracés au crayon, puis les cheveux et les traits du visage sont ajoutés avec un stylo-feutre à encre indélébile n° 0,1.

Ensuite, la texture du chemisier et les plis de la jupe sont travaillés au crayon, en tâchant de ne pas superposer les différents médiums, excepté au niveau du visage, qui nécessite un léger dégradé.

L'étape suivante est la peinture du fond, du visage et des bras. Après séchage, une seconde couche est appliquée sur les bras et le visage, qui sont un peu plus sombres que le fond. Pour terminer, un montant de porte sombre et rugueux est réalisé au pastel, fixé à l'aide d'un vaporisateur pour ne pas salir le reste du dessin.

Dans le cas d'un paysage, tous les contours sont d'abord esquissés au crayon.

L'étape suivante est la peinture au lavis de toute la partie située au-dessus du premier plan, de haut en bas, aussi subtilement que possible.

Quelques traits à l'encre représentant les bateaux près du rivage sont ensuite ajoutés, puis la texture de la végétation sur le mur est réalisée au crayon, en ajoutant quelques traits le long du mur pour figurer les briques et des touffes d'herbe. La surface du mur et son ombre projetée sur la pelouse réalisée au lavis sont ensuite couvertes avec une teinte un peu plus foncée pour l'ombre.

Enfin, en travaillant avec un crayon graphite, quelques zigzags sont dessinés sur le mur pour marquer la texture brute de la végétation à ces endroits, et ensuite les pigments sont un peu étalés directement avec le pouce.

Cette grande composition représente des arbres et des bâtiments d'une rue de Londres. Choisissez un paysage similaire près de chez vous, avec assez d'espace autour pour pouvoir prendre un minimum de recul et l'observer d'assez loin.

Prenez d'abord un morceau de papier coupé sur le côté intérieur et déchiré sur le côté extérieur, et collez-le à gauche de votre feuille, avec de la colle à papier, pour pouvoir travailler par-dessus.

Tracez les contours généraux des fenêtres, des arbres et des grilles de votre paysage, puis dessinez les détails des bâtiments à l'encre, de façon schématique à certains endroits et plus détaillée à d'autres.

Avec un crayon graphite, dessinez les grands arbres et la végétation ainsi que certaines ombres au niveau du collage. Ensuite, avec un lavis, couvrez les plus grandes zones d'ombre des bâtiments ainsi que les arbres et de la végétation dessinés au crayon graphite. Deux tons d'aquarelle différents permettent de créer un effet de profondeur.

LEÇON 7

PERSPECTIVE

Après une très brève introduction à la perspective, cette leçon propose une étude plus détaillée de cette notion indispensable pour obtenir des dessins convaincants. Les principes de base sont assez faciles à comprendre et à maîtriser, mais ce n'est qu'en pratiquant que vous parviendrez à les intégrer parfaitement et à les utiliser sans même y penser.

Les premiers enseignements sont très théoriques et vous sembleront sûrement compliqués tant que vous ne les aurez pas mis en pratique. Aussi, les résultats seront plus convaincants une fois appliqués à de vrais travaux d'observation.

Après quelques exercices, vous n'aurez plus aucun mal à appliquer les principes de perspective au monde réel et vous saurez faire tous les ajustements les plus subtils pour réaliser des dessins plus réalistes. Même si le sujet a de quoi rebuter, mieux vaut maîtriser cette approche méthodique plutôt que s'habituer à produire des dessins pas tout à fait convaincants.

OBSERVER LA PERSPECTIVE

L'art de la perspective consiste à faire croire à l'œil qu'il observe une scène en trois dimensions, en créant l'illusion d'espace et de profondeur. Ces exercices, si vous les copiez à l'identique, vous donneront une bonne idée de la façon dont on peut représenter la perspective.

LA PERSPECTIVE FRONTALE

Les premiers exercices traitent de la perspective frontale, à un seul point de fuite. Cela signifie que les principaux axes de la composition convergent tous vers un seul et même point de la ligne d'horizon, à l'exception des lignes horizontales et verticales.

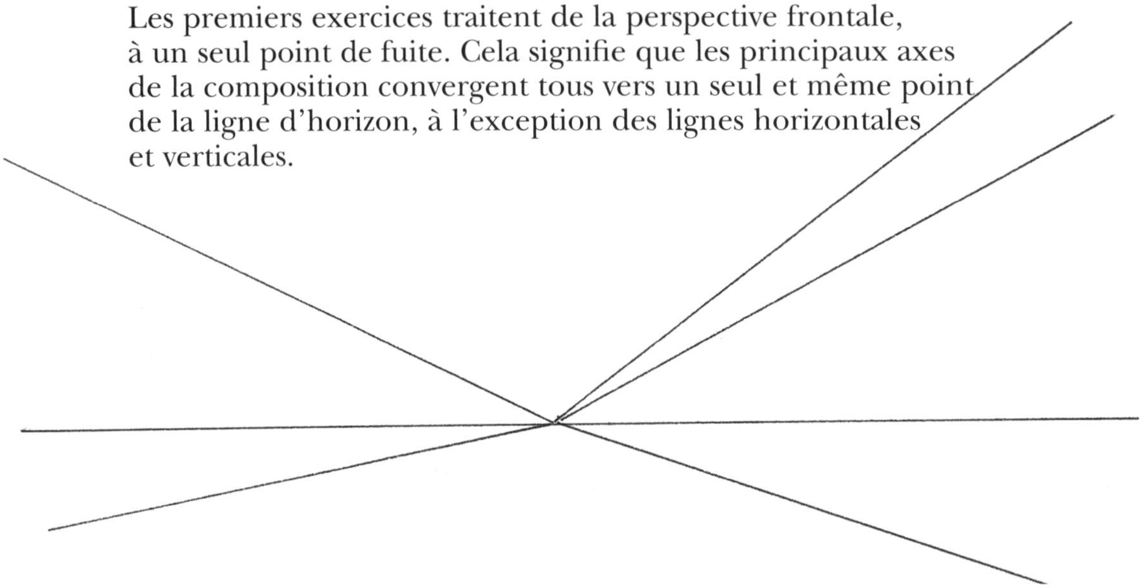

Dessinez la ligne d'horizon, de gauche à droite. Dans le monde réel, l'horizon se trouve toujours à la hauteur du regard. Assurez-vous qu'elle est bien parallèle aux bords de la feuille. Placez l'unique point de fuite au milieu de cette ligne puis, à partir de ce point, tracez 5 lignes obliques : 2 à gauche du point de fuite et 3 à droite.

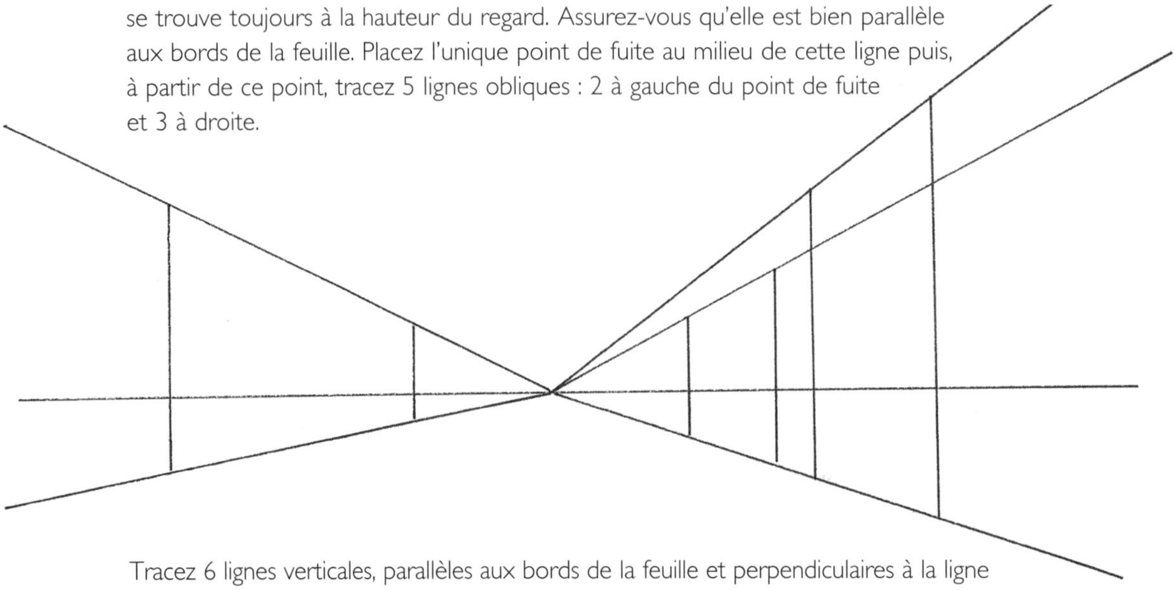

Tracez 6 lignes verticales, parallèles aux bords de la feuille et perpendiculaires à la ligne d'horizon : 2 à gauche du point de fuite et 4 à droite. Ces lignes délimitent les faces visibles de 3 grands blocs qui sembleront situés entre l'horizon et le premier plan.

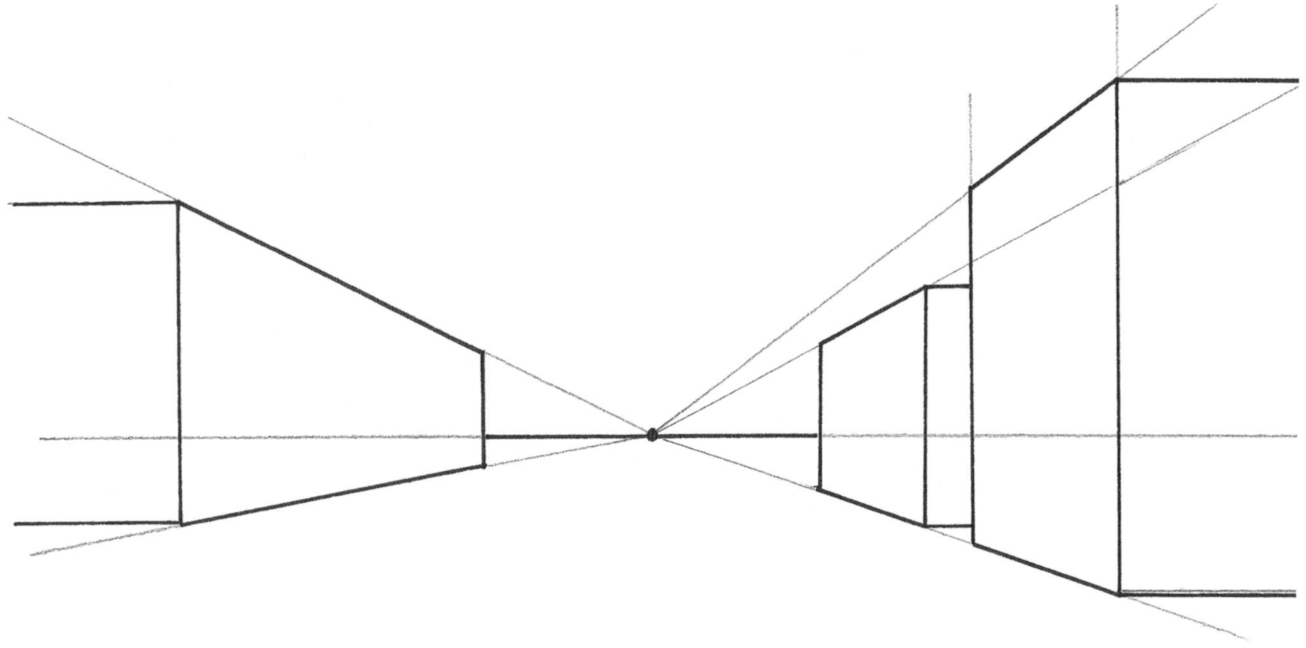

Enfin, tracez 6 traits horizontaux partant de la base et du sommet des lignes verticales, et allant vers la gauche pour les traits à gauche du point de fuite et vers la droite pour les traits de droite. Après avoir gommé les traits de construction, vous obtenez 3 gros blocs situés dans l'espace ainsi décrit.

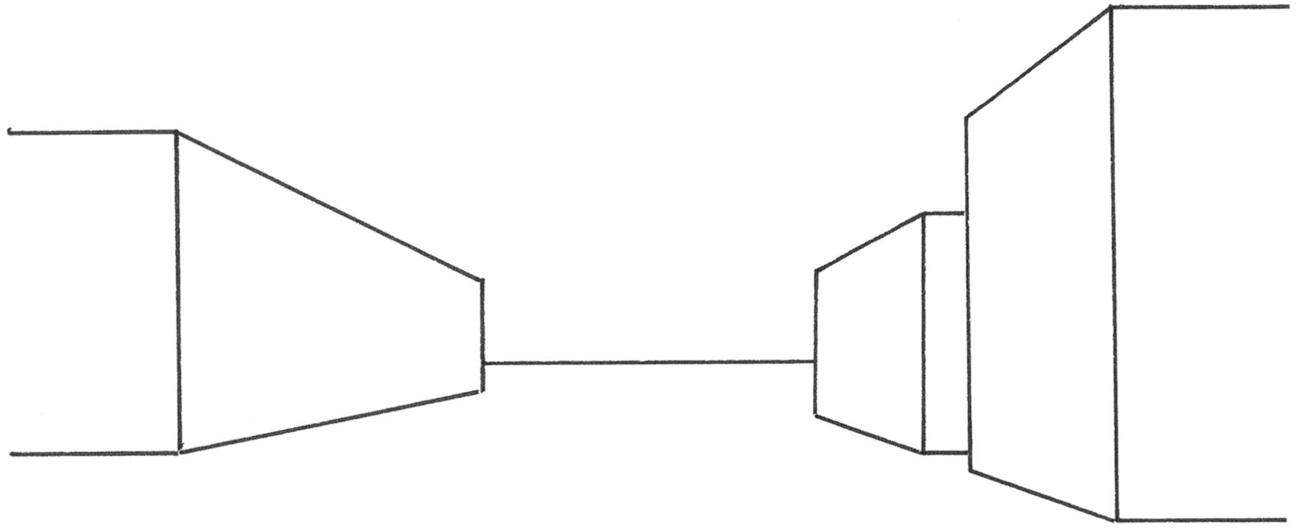

LA PERSPECTIVE OBLIQUE

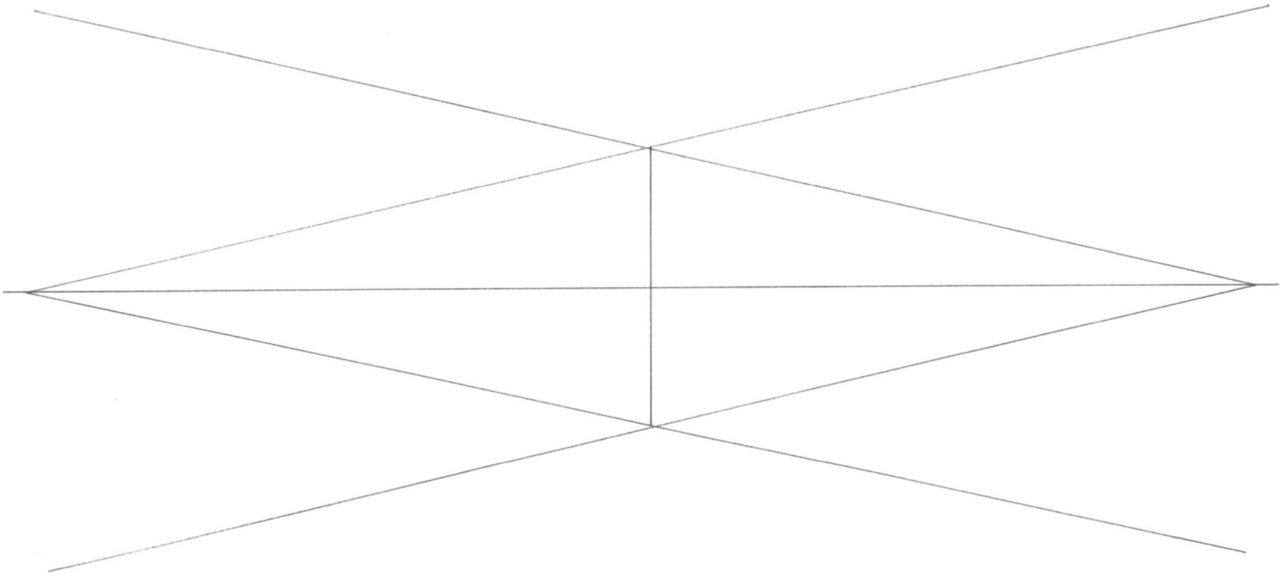

Ce schéma détaille le fonctionnement de la perspective oblique. Tracez d'abord la ligne d'horizon, bien parallèle aux bords de la feuille. Placez 2 points de fuite : l'un à l'extrême gauche de la ligne et l'autre à l'extrême droite. Au centre, tracez un petit trait vertical perpendiculaire à la ligne d'horizon, comme indiqué ci-dessus. Tracez des lignes partant de chaque point de fuite, faites-les se croiser à la base et au sommet du trait vertical au centre et prolongez-les jusqu'au bord opposé.

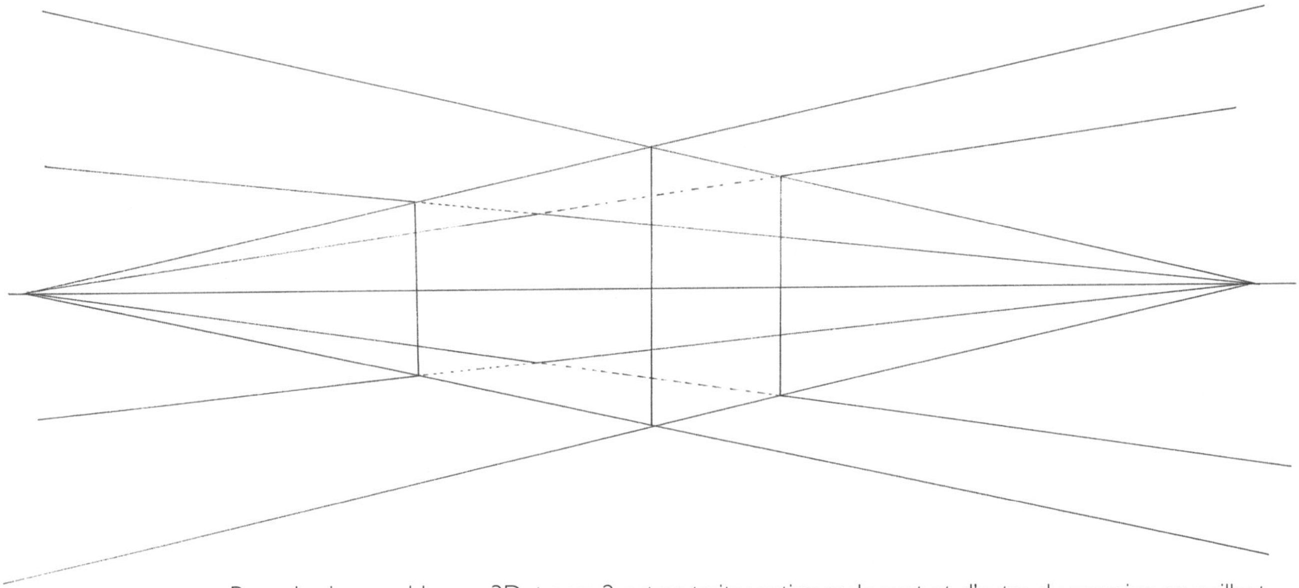

Pour dessiner un bloc en 3D, tracez 2 autres traits verticaux de part et d'autre du premier, en veillant à ce qu'ils soient tous parallèles et que celui de gauche soit un peu plus écarté de celui du milieu que le trait de droite. Terminez ces traits à l'intersection avec les lignes obliques du haut et du bas.
En partant des points de fuite, dessinez 2 autres lignes de perspective : celles partant de la gauche passent par les extrémités du trait vertical de droite et celles partant de la droite passent par celles du trait vertical de gauche. Vous obtenez ainsi la structure du bloc représenté dans l'espace.

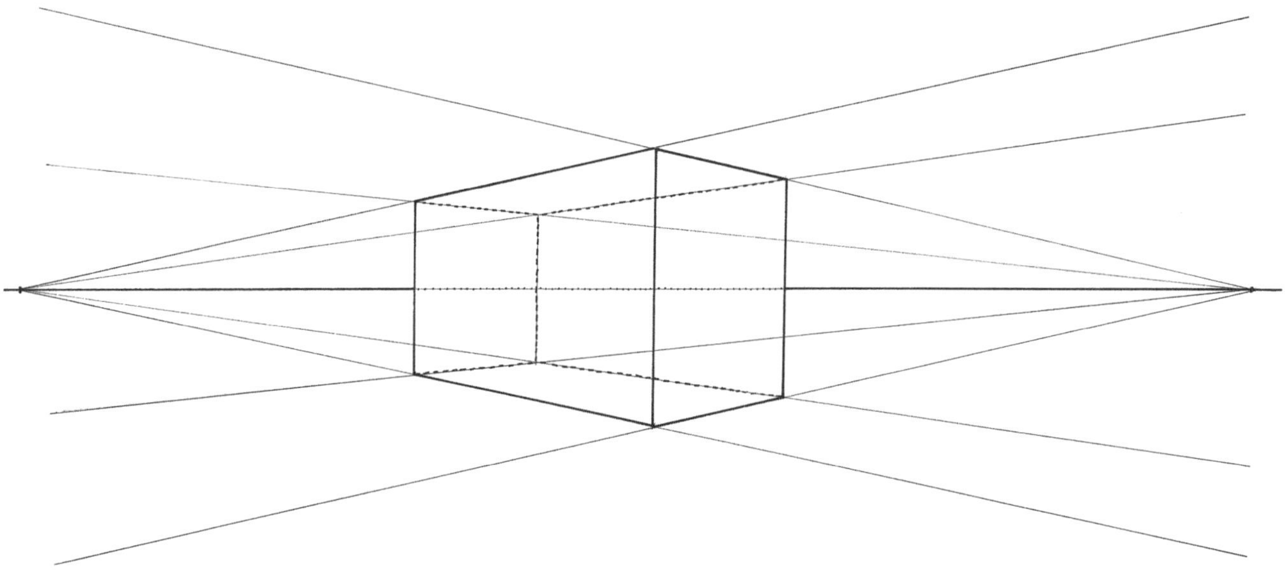

Pour compléter l'illusion de transparence, tracez la dernière verticale, qui ne serait pas visible avec un bloc opaque. Celle-ci relie les points d'intersection des lignes de perspective que vous venez de tracer. Vous obtenez de nouveau un bloc en trois dimensions, mais transparent cette fois-ci.

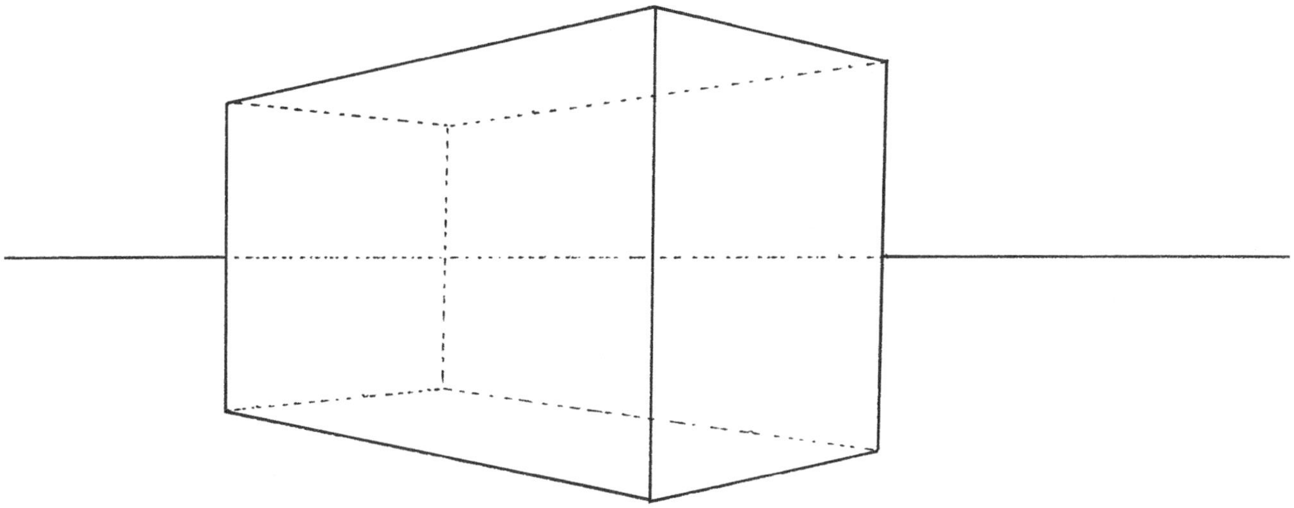

LA PERSPECTIVE AÉRIENNE

La perspective aérienne n'est pas souvent employée, mais elle vous aidera à mieux comprendre le principe de perspective. Elle s'applique généralement aux très grands bâtiments et s'observe assez rarement dans le monde réel, sauf si vous êtes au pied d'un gratte-ciel.

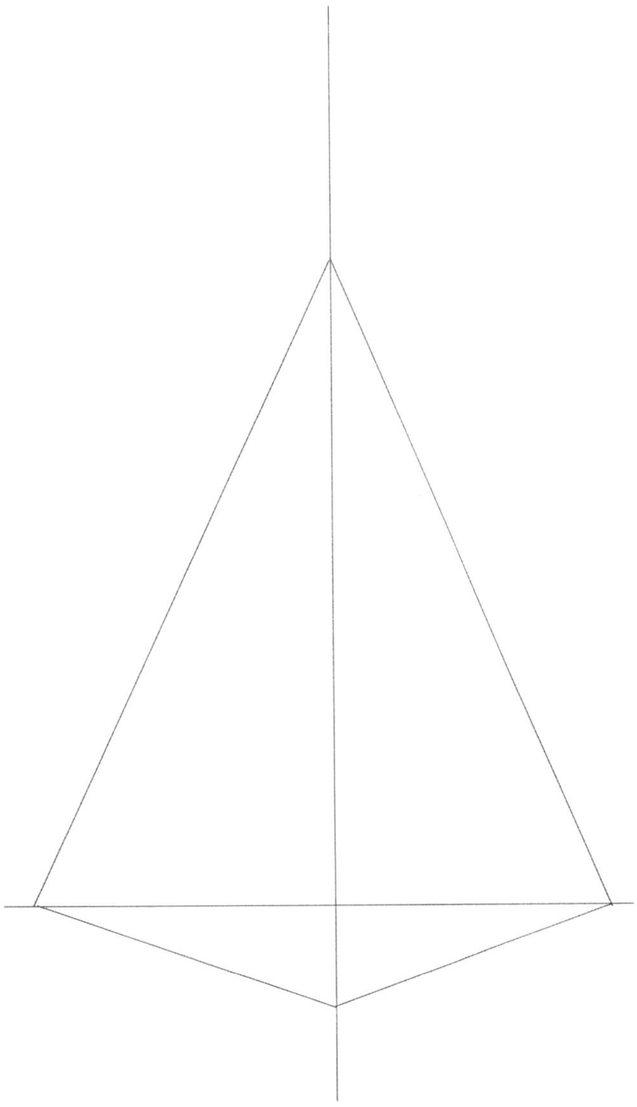

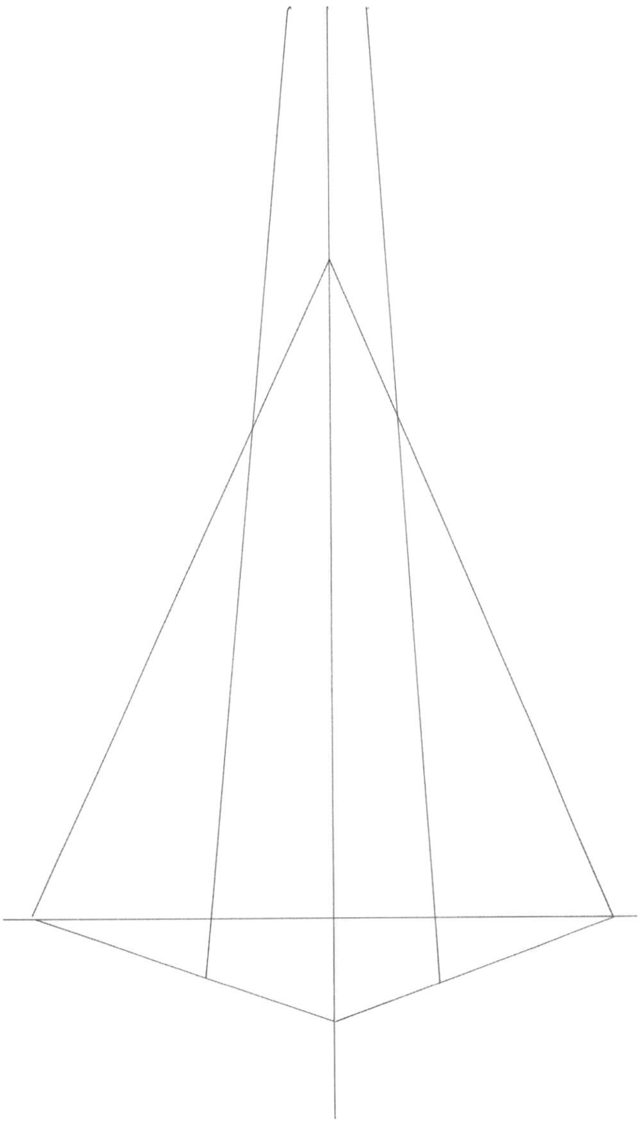

Comme toujours, commencez par tracer la ligne d'horizon. Placez les 2 points de fuite puis tracez un grand axe vertical perpendiculaire à la ligne d'horizon, au milieu de ces 2 points, et choisissez 2 points sur cet axe : l'un situé aussi haut que possible au-dessus de la ligne d'horizon et l'autre situé un peu en dessous d'elle. Reliez chaque point de fuite à ces 2 points. Vous obtenez un quadrilatère très étiré.

Tracez ensuite 2 lignes symétriques de part et d'autre de l'axe vertical, en les inclinant légèrement vers l'intérieur, comme s'il y avait un trosième point de fuite quelque part en haut (si haut que vous auriez besoin d'une feuille gigantesque si vous cherchiez à le représenter).

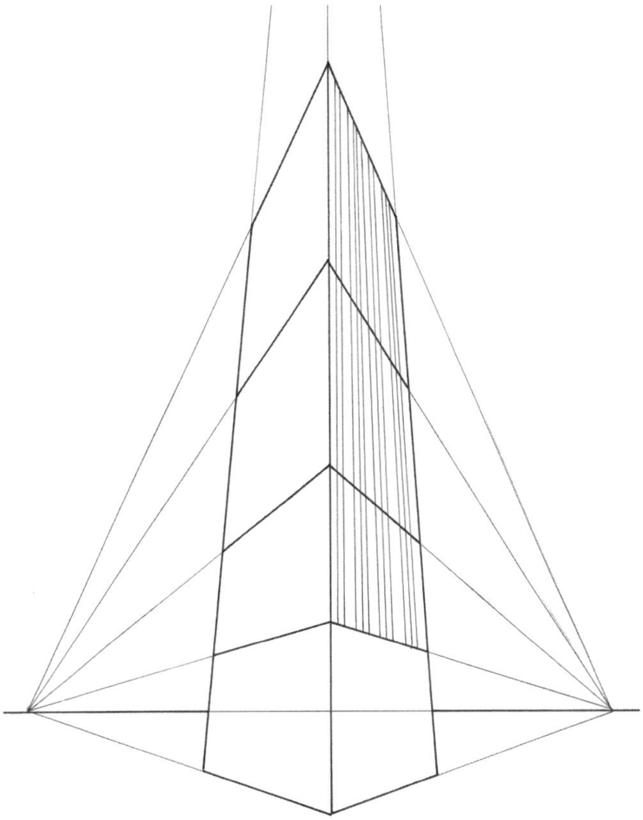

Tracez d'autres lignes partant des 2 premiers points de fuite en direction de l'axe central, pour représenter les différents niveaux à la surface du bloc, à la manière d'un gratte-ciel.

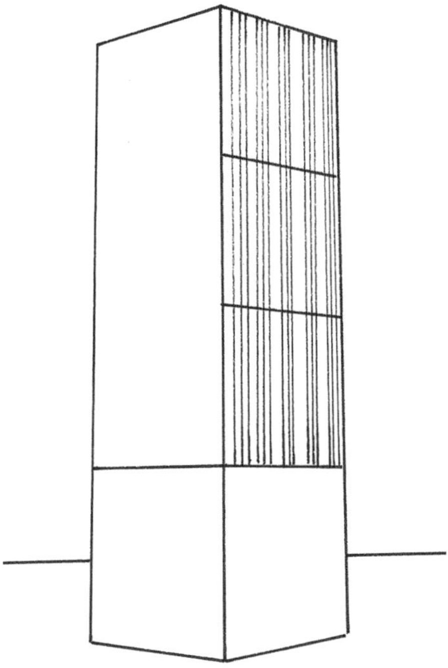

Ce schéma ressemble plus à la forme que vous voyez en réalité, mais il faudrait une feuille de papier gigantesque pour représenter tous les axes dans leur intégralité.

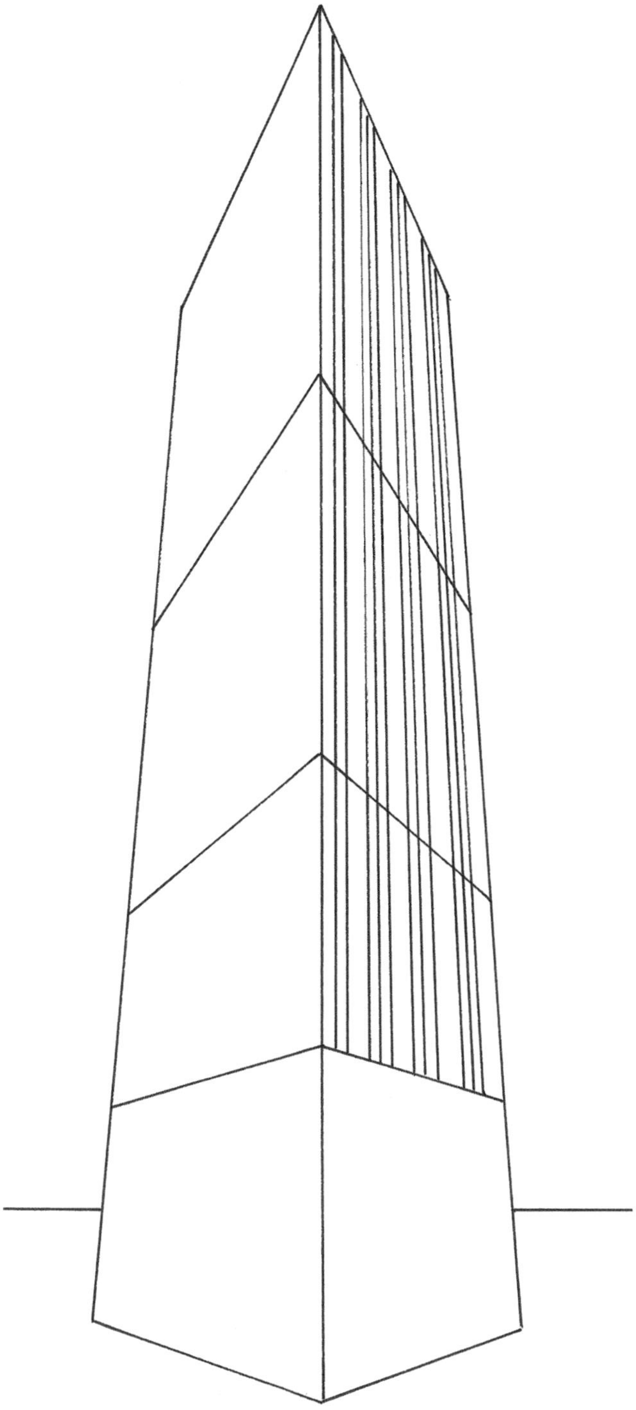

L'ajout de quelques lignes verticales légèrement inclinées sur l'une des faces accentue l'impression de hauteur et de vertige suscitée par les gratte-ciel vus d'en bas. Évidemment, le caractère anguleux est très exagéré, mais l'idée est bel est bien là. Rappelez-vous que la perspective n'est qu'une manière de tromper l'œil en simulant le volume des objets et la profondeur de l'espace. Une lecture trop littérale peut suffire à briser l'illusion.

UN SCHÉMA EN PERSPECTIVE

Cet exercice purement schématique est un entraînement au dessin en perspective, pour que vous puissiez vous imprégner de cette logique et, à terme, vous passer de toutes les lignes de construction. La coordination de l'œil et de la main vient à force de pratique et de répétition.

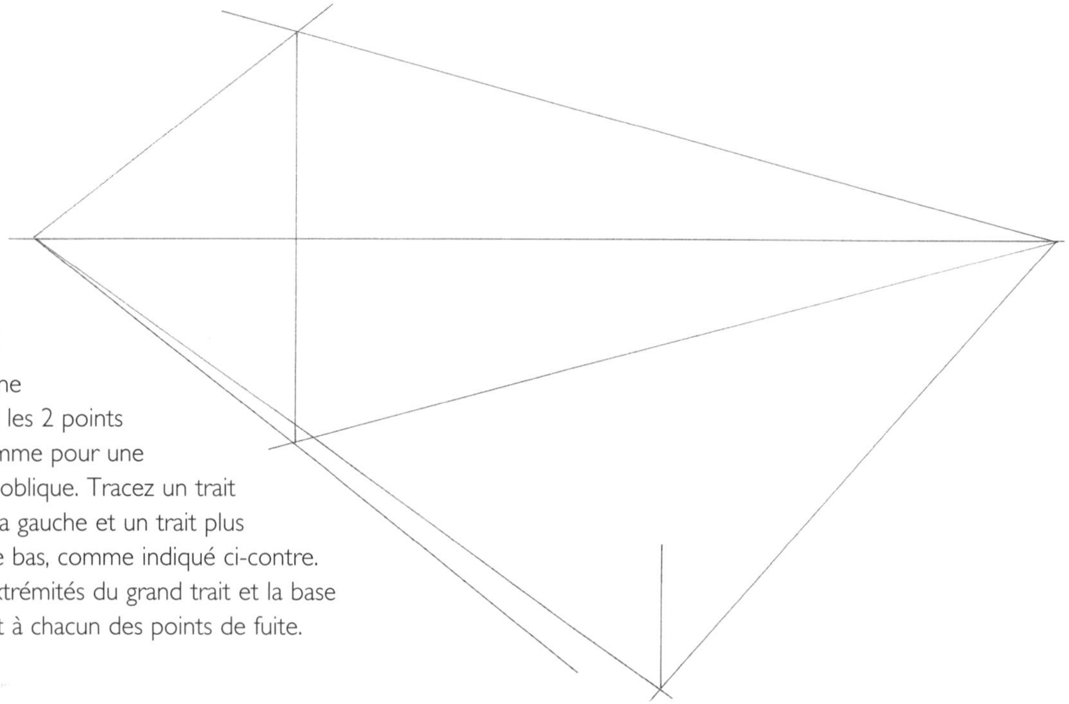

Étape 1

Tracez la ligne d'horizon et les 2 points de fuite, comme pour une perspective oblique. Tracez un trait vertical sur la gauche et un trait plus court vers le bas, comme indiqué ci-contre. Reliez les extrémités du grand trait et la base du petit trait à chacun des points de fuite.

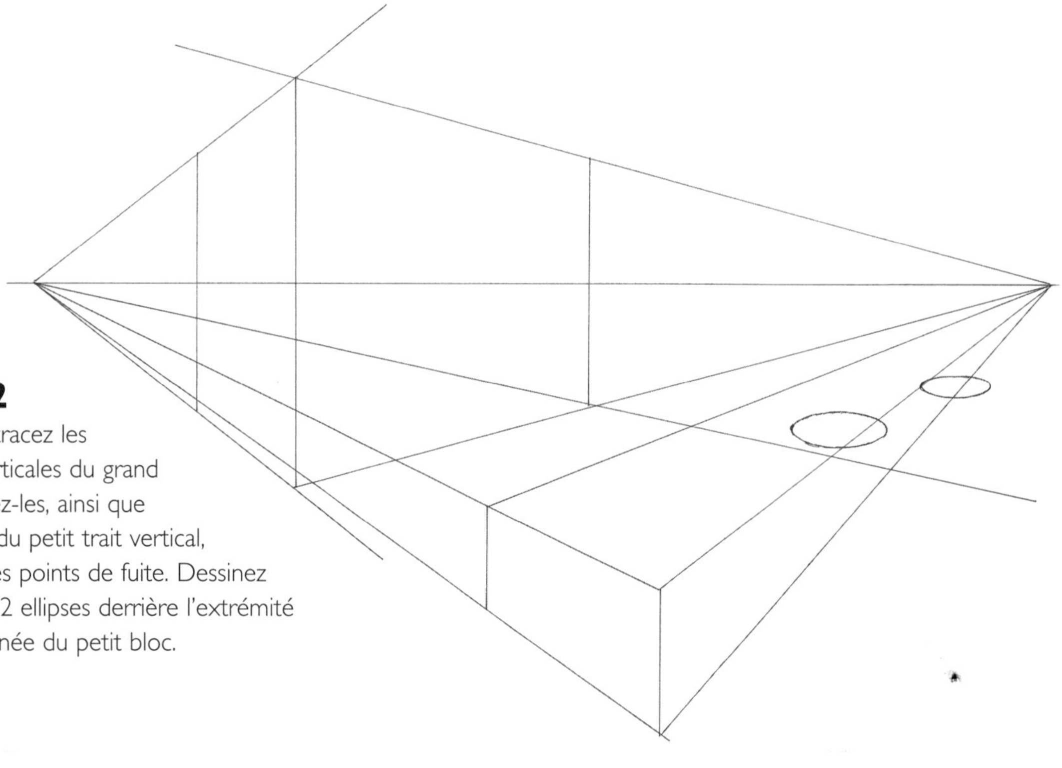

Étape 2

À présent, tracez les 2 autres verticales du grand bloc et reliez-les, ainsi que le sommet du petit trait vertical, à chacun des points de fuite. Dessinez maintenant 2 ellipses derrière l'extrémité la plus éloignée du petit bloc.

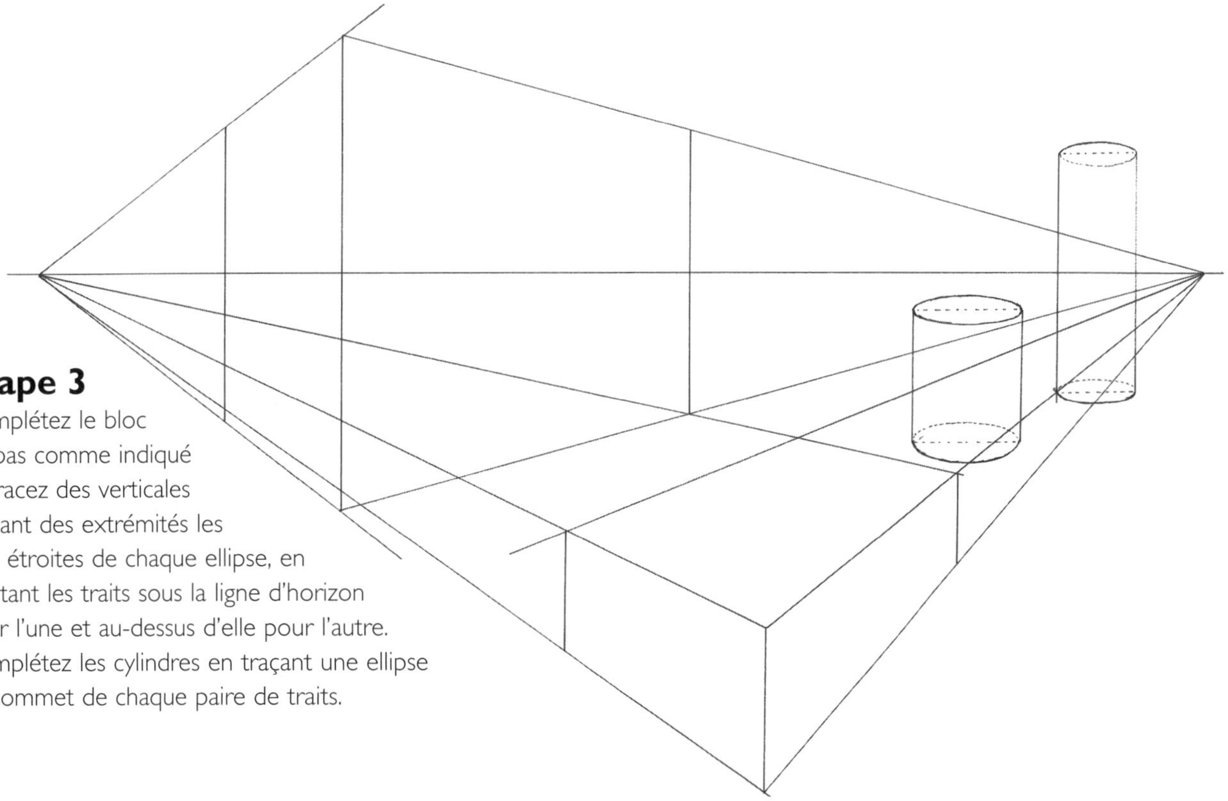

Étape 3

Complétez le bloc du bas comme indiqué et tracez des verticales partant des extrémités les plus étroites de chaque ellipse, en arrêtant les traits sous la ligne d'horizon pour l'une et au-dessus d'elle pour l'autre. Complétez les cylindres en traçant une ellipse au sommet de chaque paire de traits.

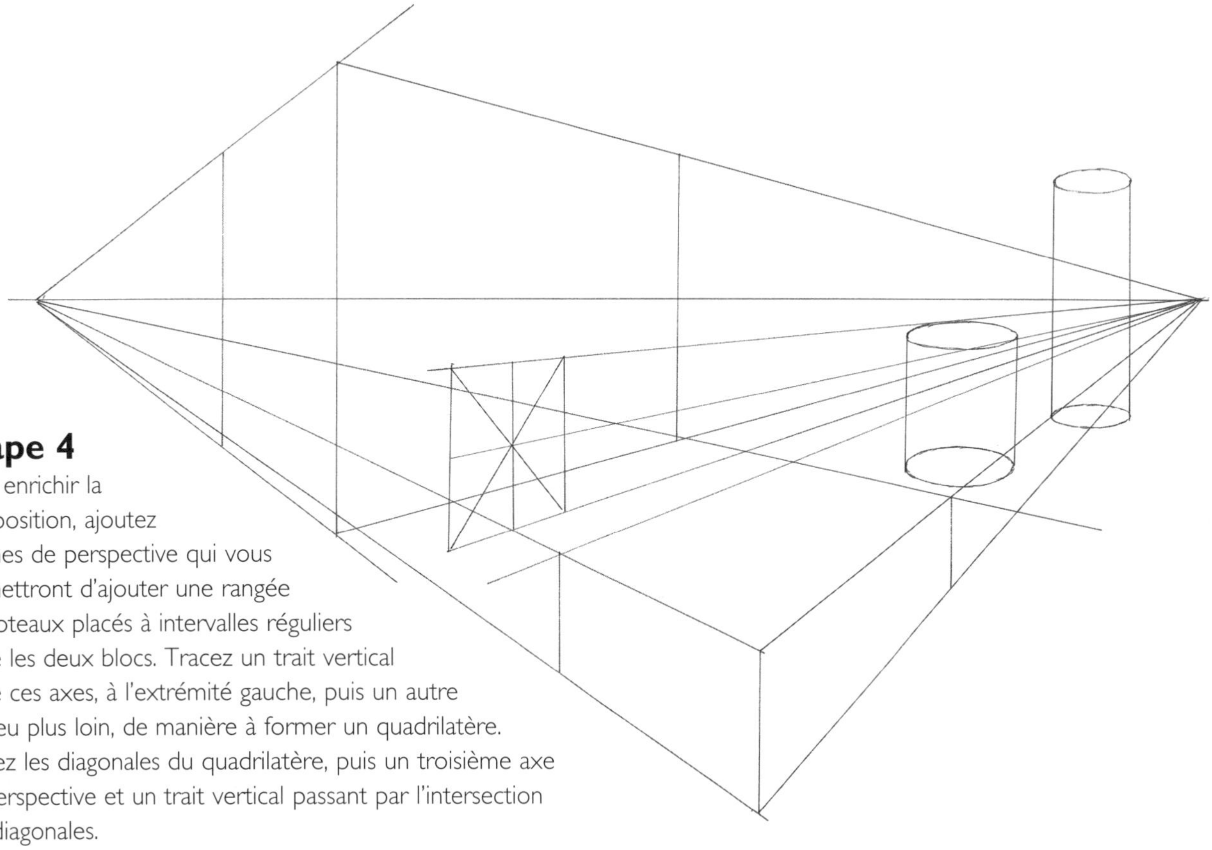

Étape 4

Pour enrichir la composition, ajoutez 2 lignes de perspective qui vous permettront d'ajouter une rangée de poteaux placés à intervalles réguliers entre les deux blocs. Tracez un trait vertical entre ces axes, à l'extrémité gauche, puis un autre un peu plus loin, de manière à former un quadrilatère. Tracez les diagonales du quadrilatère, puis un troisième axe de perspective et un trait vertical passant par l'intersection des diagonales.

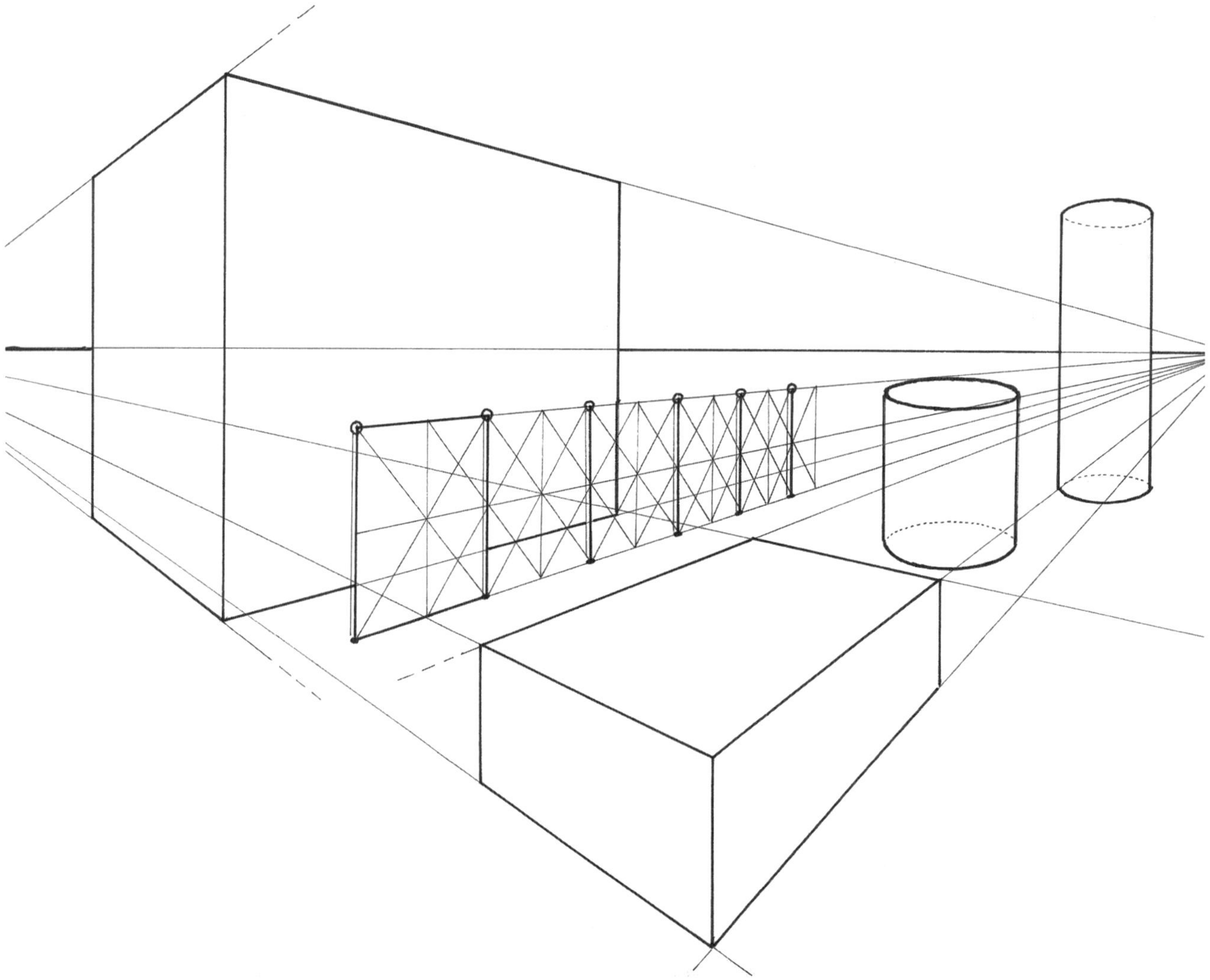

Étape 5

Complétez la rangée de poteaux en perspective comme expliqué page 159, en continuant de tracer des diagonales, du centre d'un trait à l'autre, puis des verticales passant par l'intersection de ces diagonales.

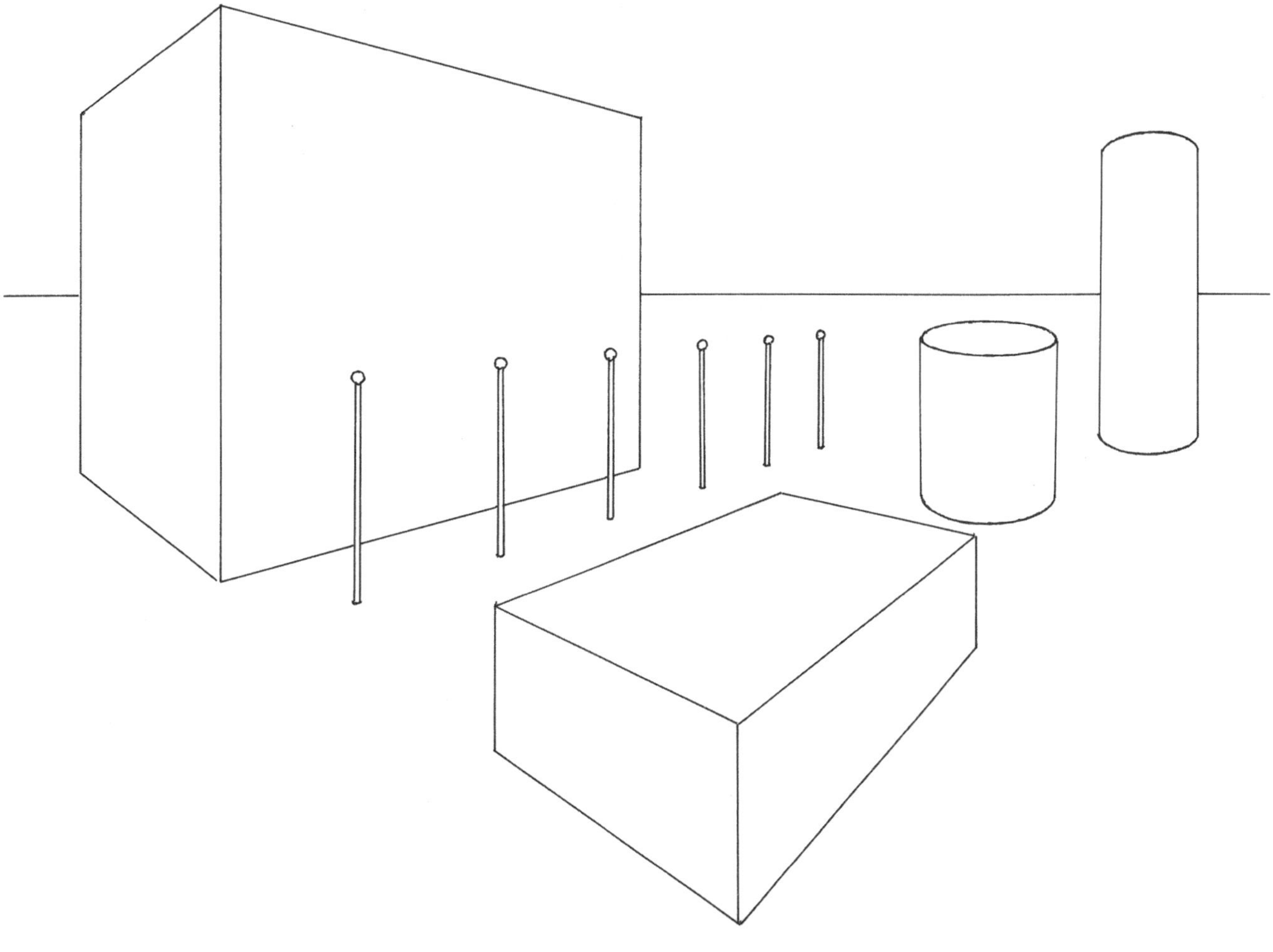

Étape 6

Voici ce que vous devriez obtenir après avoir gommé les traits de construction. Cet exercice prend du temps, mais il vous donnera une meilleure maîtrise de la perspective. Le résultat doit être cohérent et convaincant.

UN PAYSAGE EN PERSPECTIVE

Grâce aux techniques de perspective que vous venez d'étudier, vous pouvez maintenant dessiner un paysage urbain. Vous maîtrisez sûrement les techniques nécessaires pour dessiner des formes architecturales de manière convaincante, mais si vous n'êtes pas encore satisfait du résultat final, ne vous découragez pas. À force de répéter les bases, tout finira par se mettre en place.

Ceci est un exercice de perspective, mais l'approche est plus artistique que scientifique. Vos yeux vous fourniront toutes les informations nécessaires pour dessiner de manière juste, mais l'étude de la perspective aidera votre esprit à mieux comprendre ces formes et facilitera leur tracé. Choisissez un lieu simple à dessiner et vérifiez la météo avant de partir, pour vous assurer que le vent ou la pluie ne viendront pas gâcher la partie.

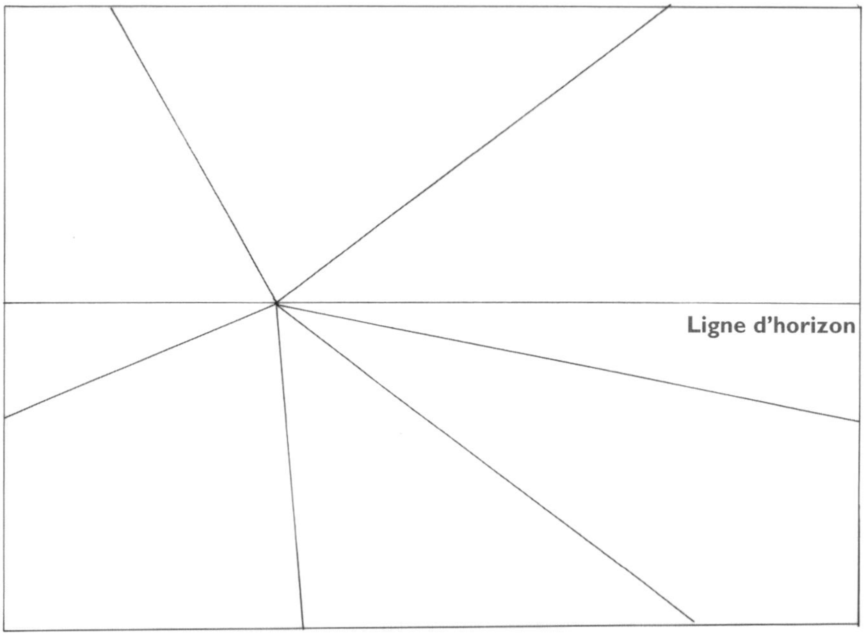

Voici la représentation linéaire d'une rue bordant une rivière sans aucun passant ni aucune voiture pour ne pas brouiller la vue en perspective.

Observez les axes qui structurent le dessin de départ, principalement composé de la ligne d'horizon et des lignes convergeant vers le point de fuite. Ces axes sont la base de votre dessin, même si vous n'êtes pas obligé de tous les tracer à la règle. Choisissez une scène de rue et, si elle vous semble trop complexe, simplifiez-la en excluant tous les bâtiments et le mobilier urbain qui vous gênent. Dessinez sur place, d'après nature, en vous rappelant ce que vous avez appris sur la perspective.

Dessinez les formes principales et ne passez aux détails qu'une fois que tous les blocs du paysage vous semblent suffisamment convaincants.

Quand tous les détails nécessaires sont en place, ajoutez les valeurs en travaillant les textures des différentes surfaces. Pour recréer l'aspect lisse de la route, frottez vos traits de crayon à l'aide d'une estompe. Vous remarquerez aussi que les détails plus lointains sont moins nets que ceux du premier plan, ce qui participe à l'illusion de profondeur.

RACCOURCIR LE CORPS HUMAIN

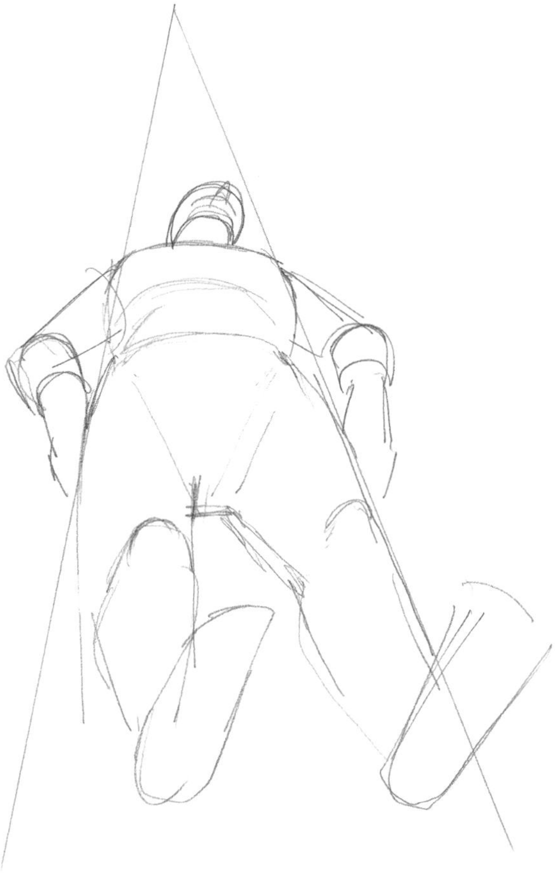

Intéressons-nous aux effets de la perspective sur le corps humain vu d'un angle extrême. Même si vous ne serez pas forcément amené à dessiner une personne allongée à plat, pieds ou tête face à vous, vous aurez souvent besoin de dessiner des poses où certaines parties du corps seront plus près de vous que le reste et où les règles de perspective s'appliqueront aussi. Demandez à votre modèle de s'allonger à plat sur le sol ou sur un canapé, de préférence sur le dos. Asseyez-vous aux pieds, puis à la tête, de manière à avoir une vue rasante (et non plongeante) du modèle.

Au début, le plus difficile est de montrer la manière dont les jambes ou la tête semblent disparaître sous l'effet de raccourcissement. Le résultat peut paraître déformé pour qui ne serait pas habitué aux vues en perspective. Cependant, vos yeux perçoivent très bien l'effet de perspective, et c'est votre esprit qui vous fait douter de ce que vous voyez. Sur le dessin du haut, les jambes et les pieds occupent beaucoup plus de place que le tronc et la tête, alors qu'on sait très bien que, si le modèle était debout, ces deux parties seraient à peu près de la même longueur.

Sur le dessin du bas, la tête et les épaules semblent surdimensionnées par rapport au reste du corps, situé plus en retrait. Cela souligne le fait que les objets plus proches de nous paraissent plus grands que ceux situés plus loin. Par exemple, pliez le bras et regardez comme la paume de votre main semble s'agrandir au fur et à mesure que vous l'approchez de votre nez.

Avant de dessiner votre modèle allongé, vous aurez peut-être besoin de dessiner 2 lignes convergeant vers le point de fuite, en guise de repères. Ces premiers croquis vous donnent une idée de la façon dont vous devrez représenter le corps du modèle.

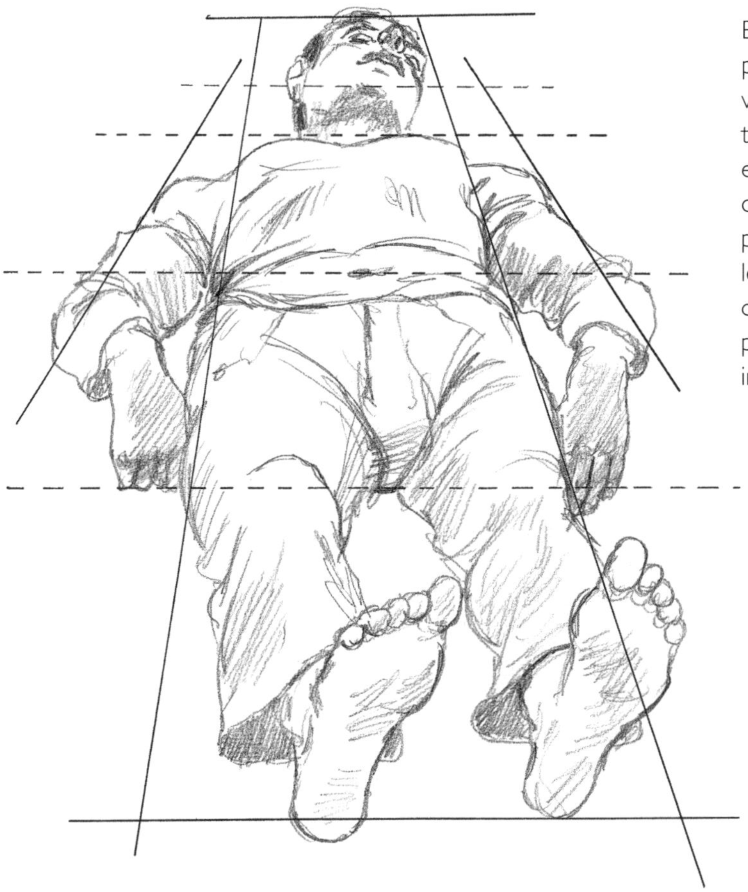

Esquissez les blocs principaux, puis tracez les contours des plus grandes formes, en vous fiant uniquement à ce que vous voyez et non à ce que vous dicte votre esprit. Résistez à la tentation d'ajouter de petits détails. Pour l'instant, simplicité et précision sont vos seules priorités. Évaluez les dimensions des parties les plus éloignées de vous par rapport aux parties plus proches, pour éviter d'étirer les unes ou de raccourcir les autres, en vous fiant à l'idée que vous vous faites du corps humain. C'est une erreur commune commise par les débutants et il faut un certain temps pour bien intégrer ce concept.

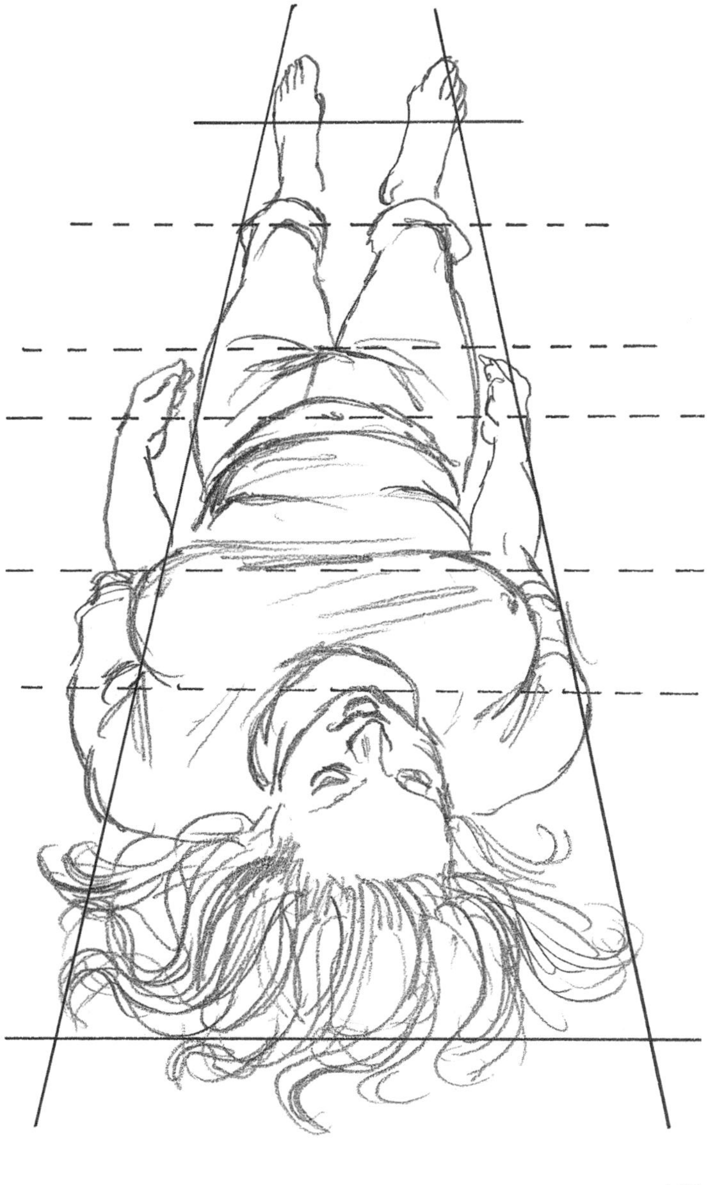

Une fois que votre dessin vous semble conforme à ce que vous voyez, vous pouvez ajouter autant de détails que vous le souhaitez, selon le temps que votre modèle est prêt à vous accorder. Même si cela implique que votre modèle reprenne la pose pour vous un autre jour, essayez de le dessiner sous les deux angles (vu des pieds et de la tête). C'est un exercice intéressant mais difficile. Cela dit, on n'apprend rien en fuyant la difficulté. Vos efforts seront récompensés quand tout cela vous viendra de manière parfaitement naturelle.

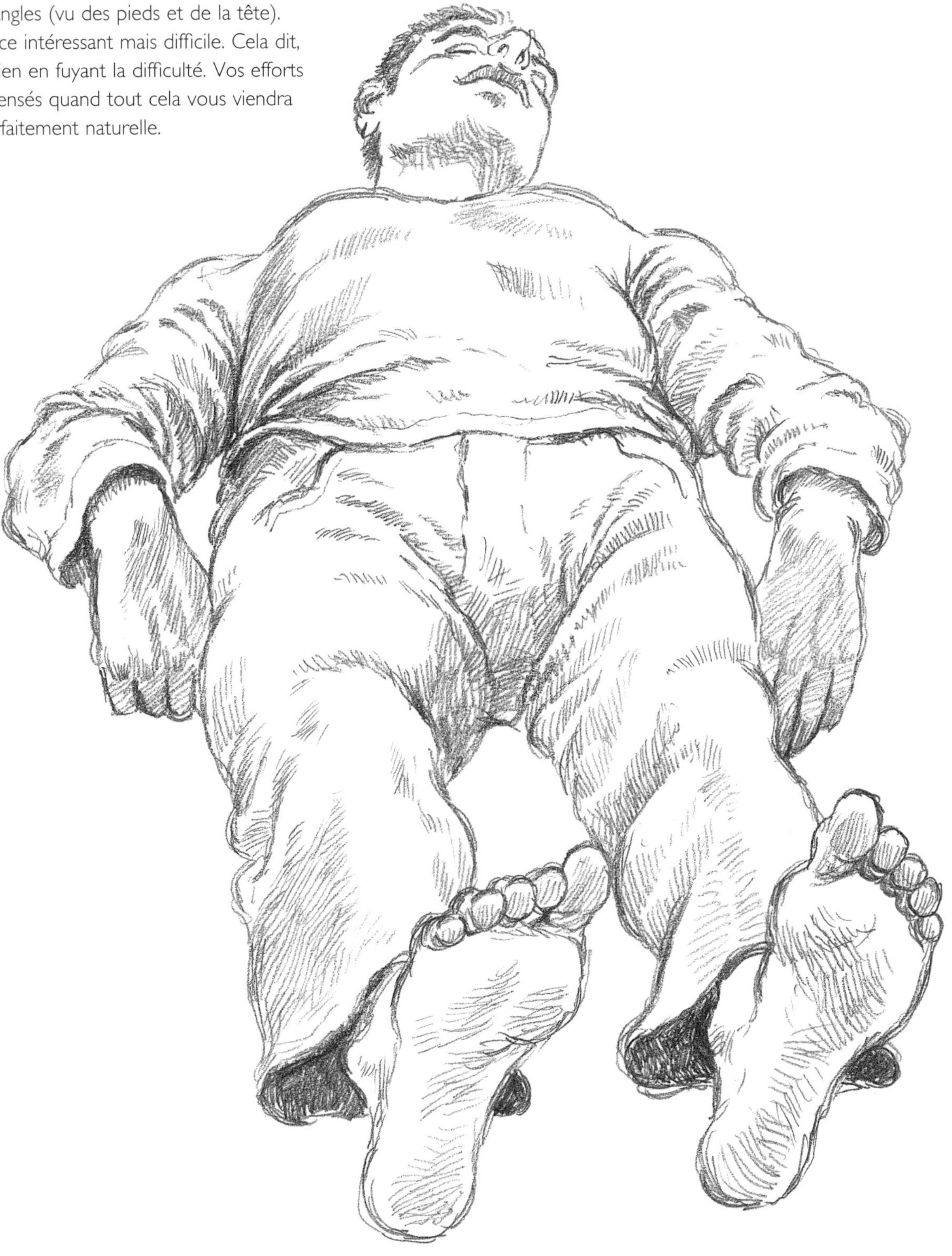

UNE SCÈNE D'INTÉRIEUR EN PERSPECTIVE

Le dernier exercice du chapitre est plus simple à mettre en scène, car le sujet n'est autre que la pièce où vous vous trouvez. Cela ne signifie pas que ce dessin sera plus simple à réaliser, mais après la série d'exercices que vous venez de compléter, vous aborderez ces problèmes plus sereinement.

Étape 1

Tout d'abord, observez ce croquis initial. Vous comprenez immédiatement que ce dessin est construit autour de plusieurs lignes de perspective.

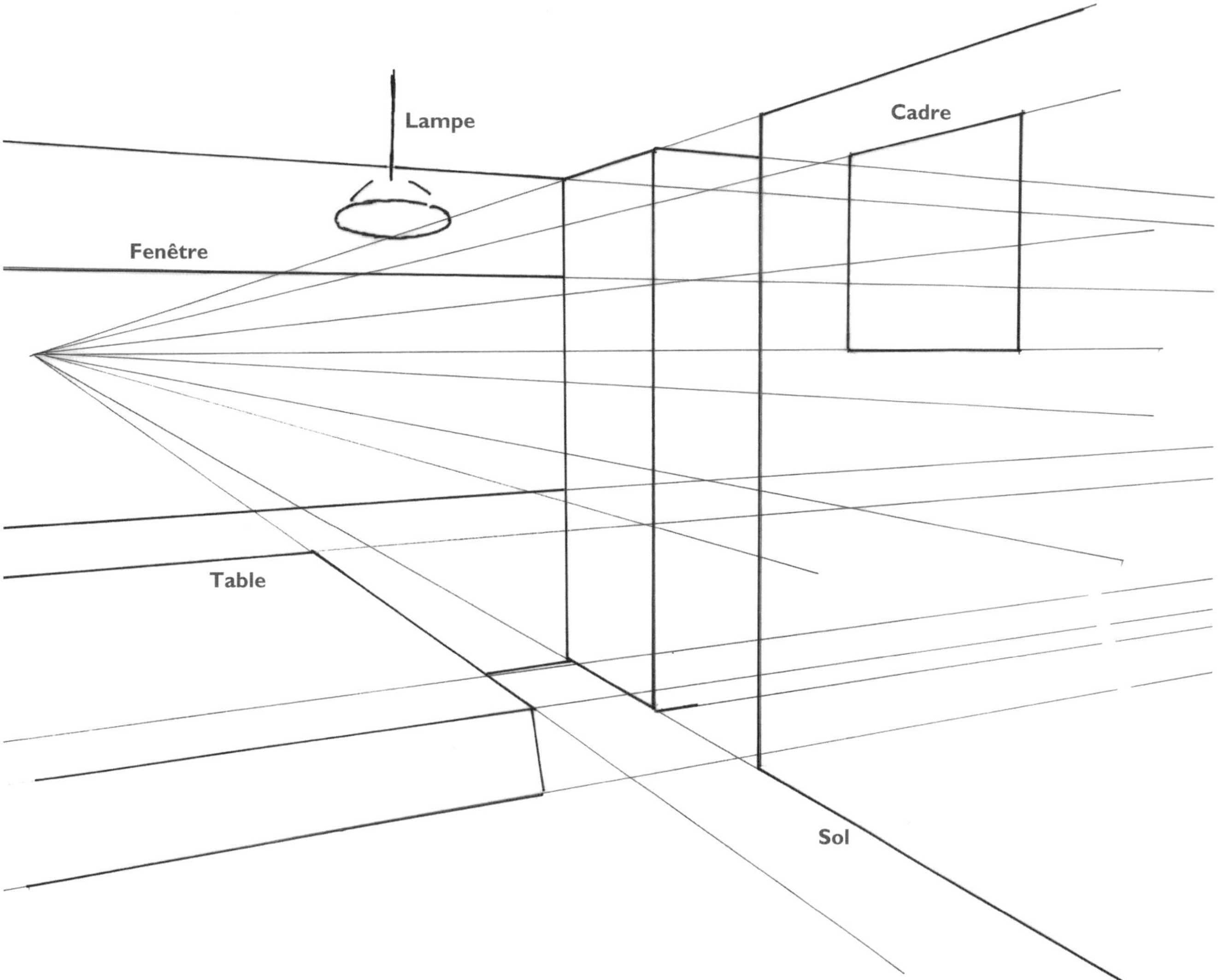

Étape 2

Ici, les lignes de perspective superposées au croquis aident à s'assurer que la vue est correcte. Comme vous le constaterez, les parties situées en périphérie du champ de vision sont les plus difficiles à distinguer, car elles subissent une légère distorsion qui n'a pas sa place dans le dessin. Mieux vaudra corriger ou même ignorer les formes incohérentes situées en périphérie du champ de vision.

Étape 3

Une fois que l'esquisse vous semble correcte, tracez les contours principaux de la pièce et du mobilier dans votre champ de vision. Cependant, si certains éléments vous compliquent la tâche, camouflez-les ou ne les dessinez pas, tout simplement. Tous les artistes apprennent à adapter la scène qui se présente à eux, afin de la simplifier, de la rendre plus intéressante ou d'enrichir la composition. C'est ce qu'on observe dans les œuvres topographiques de Turner, Canaletto ou Guardi, par exemple. Les lignes de perspective doivent vous aider à ajuster les proportions des différents objets.

Étape 4

Vous pouvez ensuite appliquer les différentes valeurs, pour recréer l'atmosphère et la profondeur de la pièce. Si vous devez faire une pause et reprendre votre dessin plus tard, vérifiez que les meubles n'ont pas changé de place et que l'angle d'éclairage est toujours le même.

Si vous revenez terminer votre dessin à un autre moment de la journée, les ombres et les lumières auront probablement changé de place.

Cette pièce tire son éclairage de la fenêtre et du plafonnier. Vous remarquerez que les ombres sont nettement plus marquées au niveau des chaises du premier plan.

LEÇON 8

LE MONDE ANIMAL

De même que pour le corps humain, les animaux posent le problème du respect des proportions et du raccourcissement, mais, bien sûr, aucun animal n'acceptera de poser patiemment dans la position de votre choix. La plupart du temps, l'animal vous laissera à peine le temps de réaliser un rapide croquis. Vous devez donc dessiner rapidement et capturer les formes les plus évidentes, même si l'animal dort, car celui-ci peut se réveiller et changer de position d'une seconde à l'autre.

Il s'agit d'un domaine où la photographie se révèle particulièrement utile, surtout pour compléter des croquis pris sur le vif. Photographiez les animaux dans des poses similaires à celles que vous avez tenté de capturer, afin de pouvoir finaliser le dessin par la suite. Au début, néanmoins, pour vous familiariser avec ce type de sujet, vous serez sûrement amené à consulter des livres et des magazines proposant des photos détaillées d'animaux ou des dessins d'artistes spécialisés dans ce domaine.

Il n'y a rien de mal à copier des artistes reconnus : c'est une technique d'apprentissage traditionnelle. Pendant la Renaissance, les apprentis se servaient des dessins de leurs maîtres comme modèles pour réaliser leurs propres dessins ou leurs propres peintures. Alors essayez de dessiner d'après nature ou en vous basant sur d'autres représentations d'animaux, pour acquérir un maximum de pratique.

ESQUISSES D'APRÈS PHOTO

Les artistes préfèrent généralement dessiner d'après nature, mais les photos employées de façon judicieuse peuvent vous être d'une grande aide, surtout quand le sujet bouge constamment. Le risque est de se mettre à copier ces clichés aveuglément au point de produire des dessins dénués de vie et de fraîcheur, en se persuadant que tout repose sur l'exactitude du trait.

Si vous possédez des livres proposant des photos d'animaux en grand format, vous avez déjà un peu d'avance. Si ce n'est pas le cas, vous trouverez forcément des magazines dédiés aux animaux domestiques, aux chevaux, à la faune sauvage, etc. chez votre libraire ou en bibliothèque. Les musées et les réserves naturelles disposent aussi de livres et de magazines sur le thème des animaux.

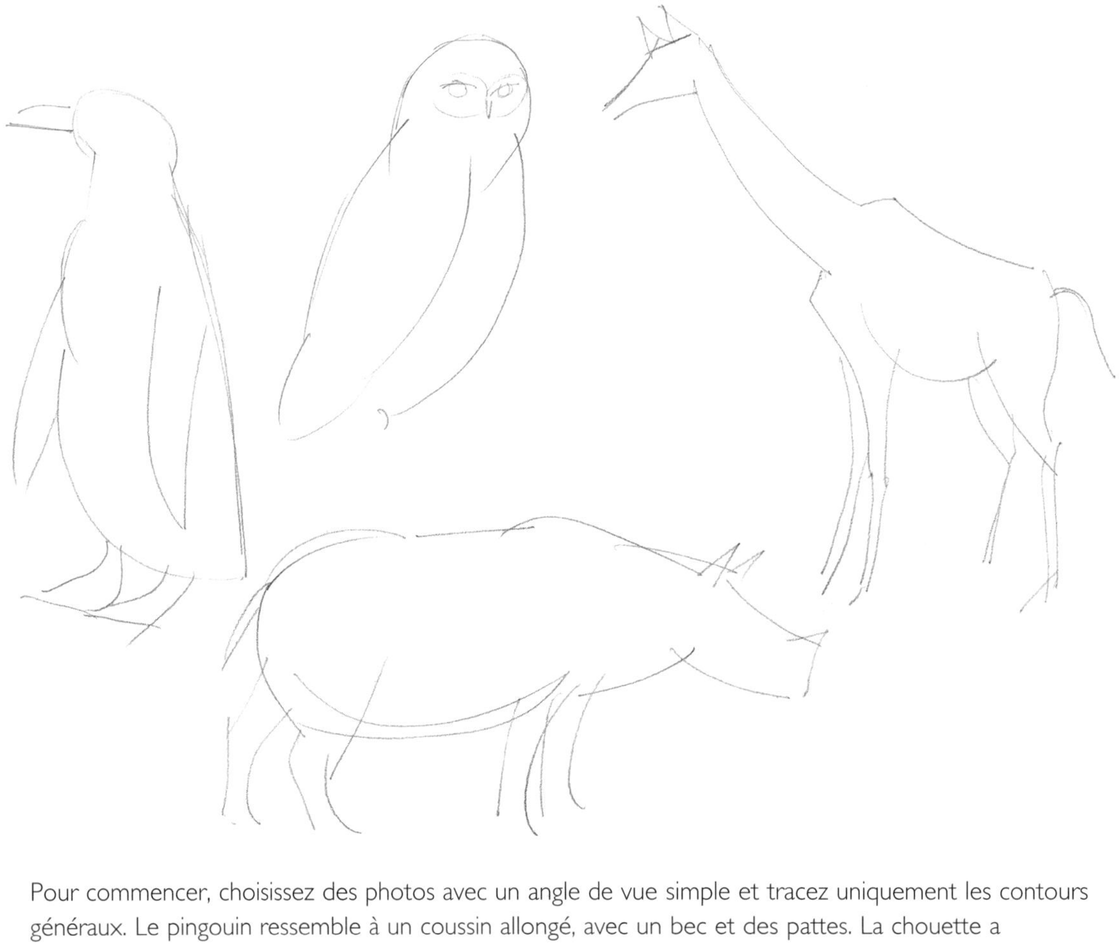

Pour commencer, choisissez des photos avec un angle de vue simple et tracez uniquement les contours généraux. Le pingouin ressemble à un coussin allongé, avec un bec et des pattes. La chouette a des contours encore plus basiques et se reconnaît à ses grands yeux. La girafe a une forme anguleuse et allongée, dotée d'un très long cou et de grandes pattes proportionnelles à la taille du corps. Le rhinocéros, lui, est très compact, avec une tête rectangulaire et des pattes courtes.

À présent, essayez d'ajouter quelques détails en suivant les contours déjà tracés et les motifs les plus visibles. Ne cherchez pas à produire un dessin réaliste. Concentrez-vous sur la forme, essayez d'obtenir un rendu assez fidèle, grâce à des contours rappelant vaguement la texture de la peau, de la fourrure ou des plumes.

Passons maintenant aux poissons et aux serpents, qui sont assez faciles à dessiner. Faute de photos, basez-vous sur les dessins ci-contre. Là encore, concentrez-vous sur les contours généraux, pas les détails, et tâchez de préserver la fluidité de leurs mouvements. C'est un très bon exercice pour apprendre à créer des dessins expressifs. Le serpent est un peu plus difficile qu'il n'y paraît, mais, en observant attentivement les courbes et les plis de son corps, vous obtiendrez un résultat convaincant.

DESSINER D'APRÈS NATURE

Mis en confiance par ces premiers travaux d'après photos, vous pouvez passer aux dessins d'après nature. Le plus souvent, l'attention soutenue que vous porterez à votre modèle aura pour effet de le faire fuir, sans vous laisser le temps de terminer votre dessin. Cependant, lorsqu'ils dorment ou se reposent, les animaux domestiques sont assez faciles à observer, alors profitez-en. Cela dit, pensez tout de même à prendre une photo à laquelle vous pourrez vous reporter.

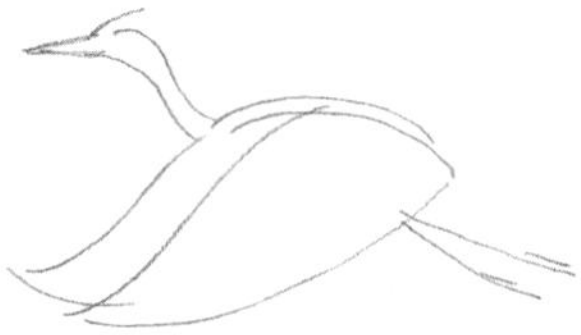

Les oiseaux

Bien qu'ils soient rarement immobiles, les oiseaux ont des formes très simples et rapides à dessiner. Commencez par un croquis très simplifié, comme ci-dessus, afin de conserver une trace, même si l'oiseau se déplace. Prenez l'habitude d'observer et de mémoriser immédiatement ce que vous avez vu.

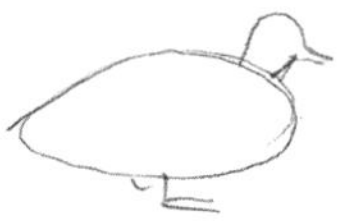

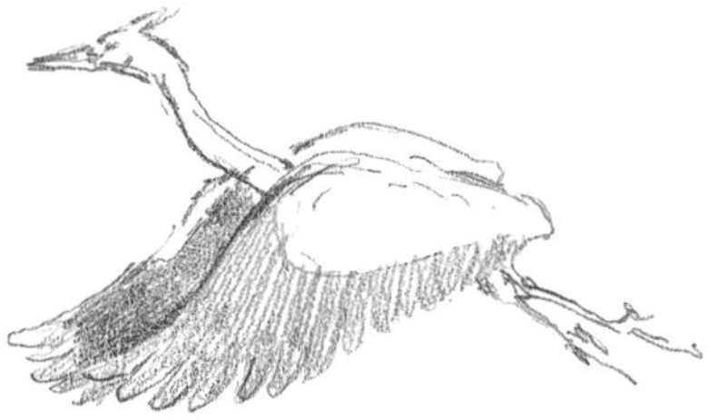

Si vous en avez le temps, ajoutez autant de détails que possible, en vous fondant sur vos propres photos. Les dégradés permettent souvent de mettre en évidence les volumes et les matières.

Les chats

La nonchalance des chats domestiques en fait d'excellents sujets, car beaucoup d'entre eux dorment environ seize heures par jour. Vous devriez donc avoir le temps de les étudier de façon détaillée. De plus, leur pelage et leurs courbes gracieuses et élégantes leur donnent des formes fluides et simples à dessiner. Tracez les contours principaux de façon simplifiée, puis ajoutez la tête et les pattes.

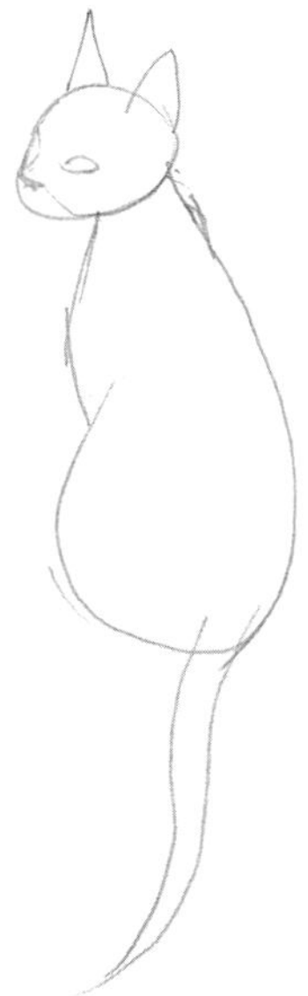

Donnez de petits coups de crayon pour révéler la texture des poils. Tentez de reproduire le marquage du pelage pour réaliser un portrait fidèle de l'animal en question. Les yeux et la truffe sont importants. Comme ils sont très rapprochés, vous devriez trouver les bonnes proportions assez facilement.

Dès que vous vous en sentez capable, essayez de dessiner des animaux un peu plus actifs et voyez quel stade du dessin vous atteignez. Commencez par les contours principaux puis ajoutez autant de détails que possible avant que cela ne soit plus possible.

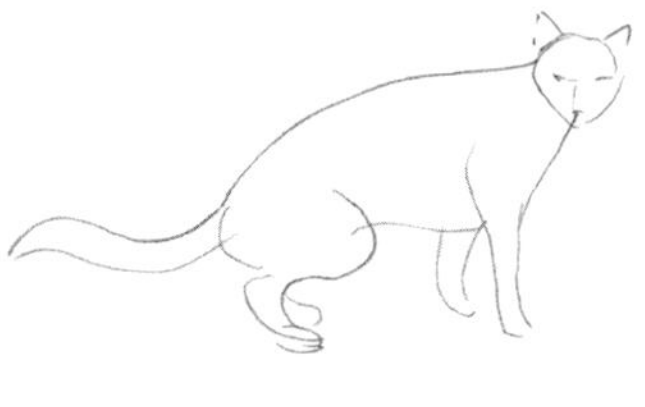

Les chiens

Les chiens passent moins de temps à dormir que les chats, mais sont souvent plus coopératifs pendant leur temps d'éveil. Il en existe une telle variété que vous devrez étudier les proportions de chaque race pour permettre une identification immédiate.

Les animaux de la ferme

Si vous êtes à proximité d'une ferme, profitez-en pour dessiner quelques animaux d'élevage. Les moutons et les vaches présentent l'avantage de se déplacer lentement et d'adopter un nombre assez limité de poses. Encore une fois, observez les caractéristiques des différentes races au lieu de simplement reproduire l'image que vous vous faites de l'archétype ovin ou bovin. Ayez toujours votre carnet de croquis sur vous et, même si vous n'avez que deux à trois minutes pour réaliser un croquis sommaire, c'est un très bon exercice.

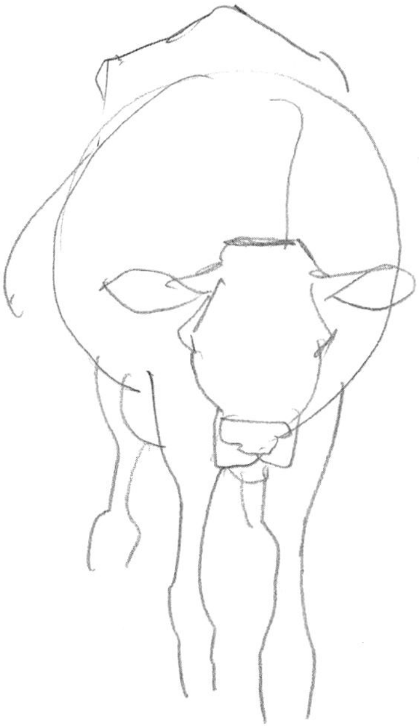

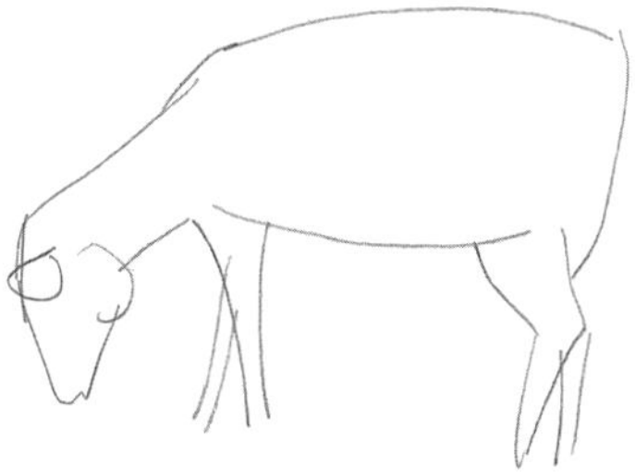

Les chevaux

Comme tous les grands animaux de la ferme, le cheval est l'un des plus faciles à dessiner d'après nature. Si vous passez près d'une écurie, même si vous devez finir votre dessin d'après photo, ne manquez pas une occasion de dessiner d'après nature. Dessiner des chevaux d'après nature n'est pas très difficile, mais, comme ils se déplacent beaucoup, même paisiblement, la plupart de vos dessins ressembleront à l'un des deux premiers croquis ci-contre. Au bout de quelques croquis comme ceux-ci, vous parviendrez peut-être à capturer plus de détails dès que le cheval prendra une pose similaire.

Grâce à leurs muscles saillants sous leur pelage lustré, les chevaux sont d'excellents sujets. Commencez par les contours généraux. C'est souvent tout ce que vous réussirez à coucher sur papier, à moins que le cheval ne soit attaché, ce qui vous laisse le temps de dessiner sa puissante musculature.

Au moment d'ajouter les détails, n'hésitez pas à souligner les contours des muscles de façon rapide et appuyée. Vous pourrez y revenir par la suite, quand vous aurez plus de pratique.

Le cheval broute beaucoup. Vous n'aurez donc aucune difficulté à l'étudier en train de se livrer à cette occupation. Les poses plus alertes, tête levée, demandent plus de réactivité de votre part. Photographiez vos modèles en même temps.
Ces clichés vous permettront de compléter votre dessin plus tard.

Étape 1

Tracez les contours généraux aussi vite que possible.

Étape 2

Dès que vous le pouvez, détaillez les formes, en particulier celles de la tête.

Étape 3

Enfin, travaillez les valeurs et les textures pour donner plus de présence à votre sujet. Vous pouvez accentuer certaines ombres, comme celles situées entre les pattes avant, au-dessus des oreilles et sur le bout du museau, pour créer un contraste net avec les reflets le long des flancs.

Les animaux sauvages

À moins d'aller les observer dans leur habitat naturel, les animaux sauvages que nous avons l'habitude de voir, tels que les éléphants et les lions, n'ont généralement que très peu d'espace pour bouger et le choix du point de vue est souvent très limité. Cela ne vous empêchera pas de trouver plusieurs poses à dessiner. Comme vous les observerez d'assez loin, les détails auront moins d'importance que pour les animaux domestiques, mais utilisez tout de même des supports photographiques pour plus de précision.

Pour dessiner un éléphant, étant donné la taille de l'animal, il suffit de quelques lignes fluides et de quelques ombres dans les zones les plus sombres, comme l'intérieur de ses oreilles et le dessous de sa trompe.

Tracez rapidement les contours généraux, avant que l'animal ne change de position. Même si vous travaillez d'après photo, commencez toujours par cette étape.

Ensuite, étoffez la structure en travaillant les détails de la tête et la musculature surdéveloppée. Comme vous le constatez, les pommettes hautes et saillantes du lion lui donnent une apparence majestueuse.

LES GROUPES D'ANIMAUX

Bien que cela semble plus difficile, il est parfois plus simple de dessiner un groupe d'animaux qu'un animal seul. Les animaux vivant en troupeau ont l'avantage de partager les mêmes habitudes, si bien que, lorsque l'un d'eux change de position, il y a de grandes chances qu'un autre adopte à son tour la pose que vous étiez en train de dessiner, vous offrant ainsi une chance supplémentaire de terminer votre travail.

Sur cette page et dans les suivantes sont représentés des troupeaux de moutons et de cerfs et, pour varier un peu, une nuée de mouettes. Ces dernières sont les plus difficiles à dessiner car, évidemment, elles sont constamment en mouvement. Heureusement, elles ont des formes assez simples et tourbillonnent toujours plus ou moins de la même manière. Vous comprendrez donc rapidement comment les dessiner.

Les moutons se déplacent lentement et sont l'un des modèles les plus dociles qui soient. Les cerfs, eux, sont plus nerveux en présence de l'homme, mais, comme vous les observerez d'assez loin, vous pourrez simplifier leurs formes au maximum.

LEÇON 9

CRÉER UNE COMPOSITION

La composition est le processus le plus créatif de tous. Même si les objets, les animaux, les portraits ou les paysages que vous dessinez sont très agréables à regarder, tant que vous n'avez pas soulevé le problème de la composition, tout cela n'a pas de réelle valeur. C'est la réflexion visant à déterminer les rapports entre les différents éléments d'une image qui fait toute la différence entre l'artiste accompli et le débutant.

Même si cette leçon est loin d'explorer toutes les possibilités, vous y découvrirez plusieurs techniques traditionnelles pour parvenir à une composition réussie. Bien sûr, l'artiste apprend instinctivement à créer des arrangements intéressants, mais il existe des techniques pour vous guider dans vos choix.

Bien souvent, la composition tire sa puissance de la notion d'équilibre ou, parfois aussi, de déséquilibre. Cette leçon vous montrera comment diviser la surface de votre image pour équilibrer les formes et le dernier exercice proposé vous aidera à appliquer les principes de base que nous vous aurons présentés.

LES COMPOSITIONS DE MAÎTRES

L'observation des œuvres de maîtres est une bonne introduction à la notion de composition. Étudions la façon dont sont composées plusieurs œuvres, en nous appuyant sur des formes géométriques. Une fois que vous aurez compris les principes de base, le mieux pour développer votre sens de la composition sera de copier des chefs-d'œuvre choisis dans des livres d'art ou au musée. La plupart des musées vous laisseront copier les œuvres accrochées, à condition que vous ne gêniez pas les autres visiteurs.

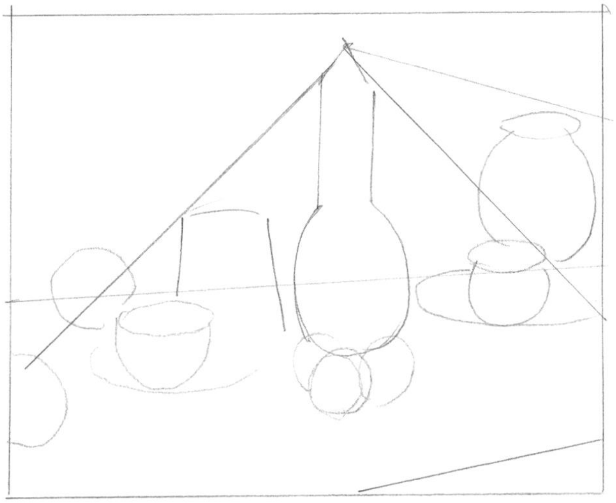

Le premier exemple est une nature morte de Vincent Van Gogh, représentant des tasses, des fruits, des carafes et une cafetière. L'ensemble forme une sorte de triangle ou de pyramide. C'est un type de composition très courant.

Feuilletez vos livres d'art à la recherche d'une image basée sur le même type de composition et reproduisez-la de façon linéaire. Ce tableau n'est qu'un exemple parmi d'autres et vous comprendrez mieux ce principe en apprenant à l'identifier par vous-même. Vous n'aurez aucun mal à trouver des images de ce type.

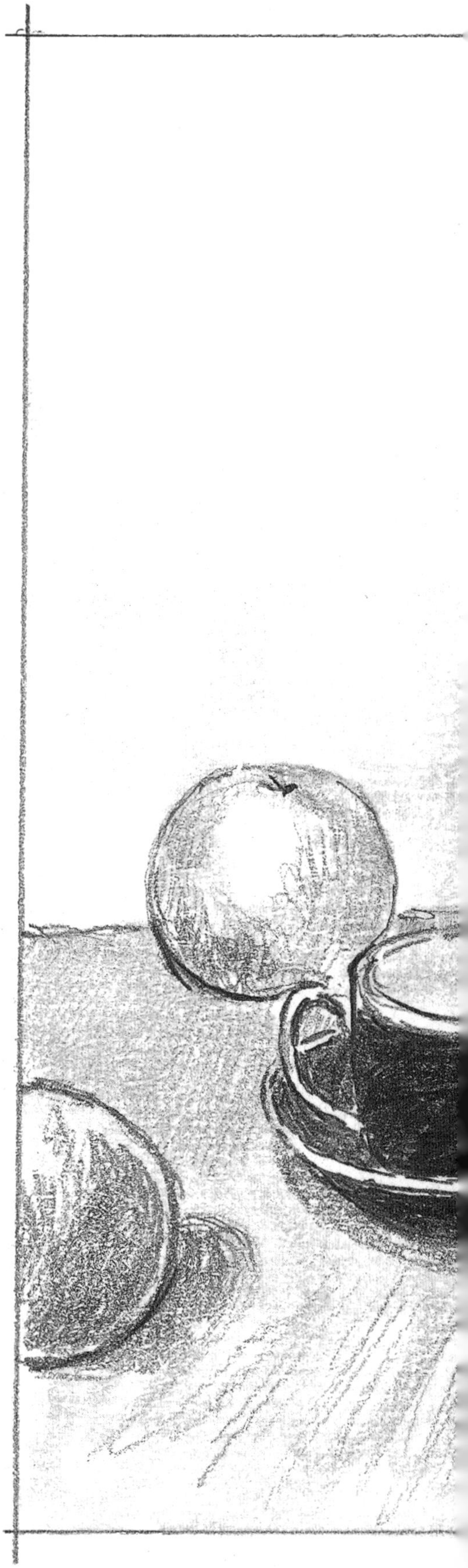

Une fois le dessin linéaire terminé, ajoutez tous les dégradés, même si l'objectif de cet exercice est avant tout de repérer la composition et d'en redessiner les contours.

L'exemple suivant est une œuvre de John Piper, dont le tracé des principaux axes de perspective a été dessiné. On y voit deux grands bâtiments, l'un en bordure d'image et l'autre légèrement excentré. Ils sont reliés par un bâtiment en retrait, qui crée un effet de profondeur au centre.

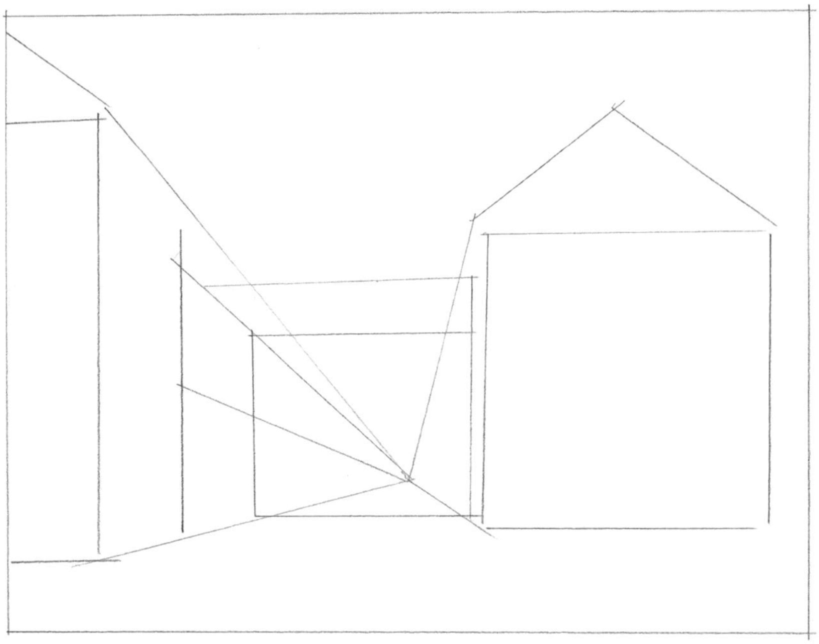

Maintenant que vous avez repéré l'essentiel de la composition, reproduisez-la de façon linéaire., puis terminez en travaillant les dégradés.

L'exemple suivant est une œuvre de William Dyce représentant la baie de Pegwell. La composition s'articule en deux parties, autour de la ligne d'horizon et l'avancée formée par les falaises de calcaire. Toute l'action se situe dans la moitié inférieure, composée d'étendues sableuses et de rochers où des personnes ramassent des coquillages au premier plan. Les femmes et leurs jupes à crinoline présentent des silhouettes simples, amples et harmonieuses.

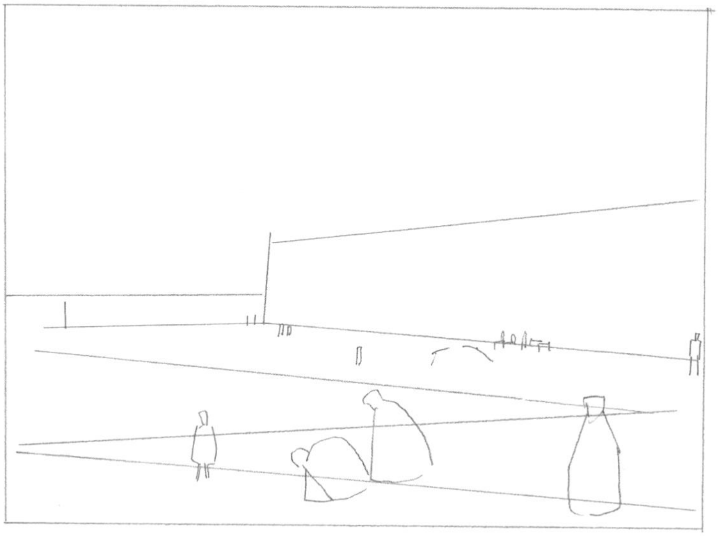

Tracez les contours principaux puis ajoutez les dégradés. Dans l'ensemble, les valeurs de ce paysage sont assez claires et homogènes. Vous pourrez sûrement les représenter à l'aide de quelques traits.

Voici un paysage au pays de Galles de Richard Wilson. La composition consiste en un grand triangle interrompu par la cuvette d'un lac et le flanc d'une montagne sur un des côtés. On observe deux autres courbes, correspondant à un gros monticule, sous le lac, et une autre étendue d'eau, sur la gauche.

Pour cette vue spectaculaire, les valeurs sont d'une réelle importance, car elles définissent les contours du grand triangle formé par la montagne au-dessus du lac et accentuent le contraste avec le ciel. Essayez de réaliser une copie de ce paysage.

Ce paysage urbain de Walter Sickert, structuré par la rue partant vers la gauche et la façade d'une boutique sur le côté droit, offre deux axes de perspective de part et d'autre de la composition.

L'ombre portée des bâtiments est très sombre et divise l'espace vide du premier plan en deux parties, dans le sens de la diagonale. Cela guide le regard vers le centre de l'image, puis vers le bout de la rue.

Le dernier exemple est une œuvre du peintre espagnol Diego Vélasquez, où l'on voit une femme en train de cuisiner. Le fond est très sombre, ce qui fait ressortir la femme, tandis que le jeune homme se fond avec le reste et apparaît comme une tête et deux mains sans corps. Les ustensiles, y compris ceux du jeune homme, sont alignés le long d'une courbe qui traverse l'image et s'achève sur le visage de ce dernier. Cette disposition attire l'attention sur le contraste et les liens existant entre les personnages.

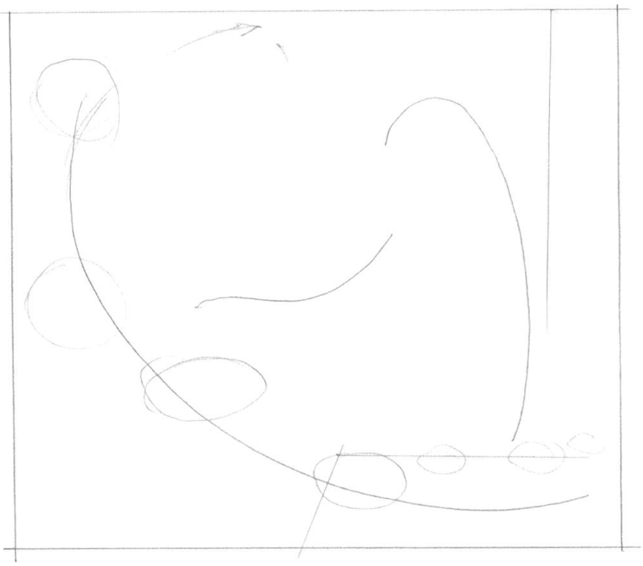

CRÉER UNE COMPOSITION ÉQUILIBRÉE

DIVISER LA PAGE

Cet exercice va vous montrer comment diviser la page afin de construire une composition équilibrée. Il existe plusieurs autres manières de faire, mais celle-ci est la plus simple.

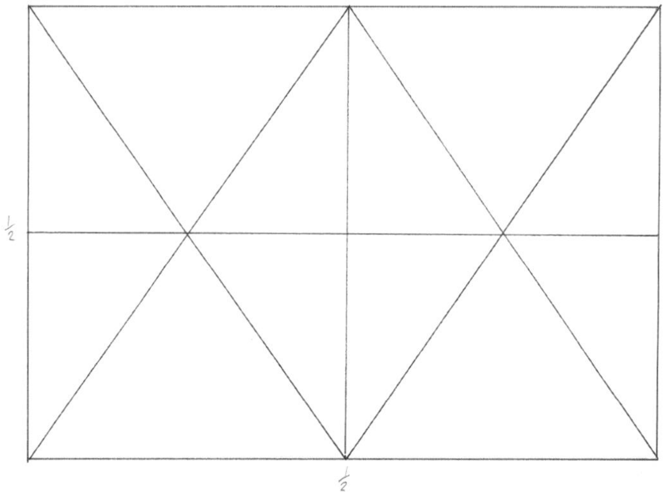

Prenez une feuille de format A3 ou A4 et pliez-la en deux. Soyez très précis, car toutes les mesures suivantes dépendent de ce pli. Dépliez le papier puis tracez un trait le long du pli et les diagonales des 2 rectangles ainsi obtenus. Tracez une ligne horizontale reliant les intersections des diagonales, d'un bord à l'autre de la feuille. Grâce à cette technique simple mais efficace, vous venez de diviser la feuille en 4 parties égales sans prendre aucune mesure.

Tracez 2 diagonales reliant les coins opposés de la feuille. Si votre tracé est assez précis, celles-ci se croiseront au centre de la feuille.

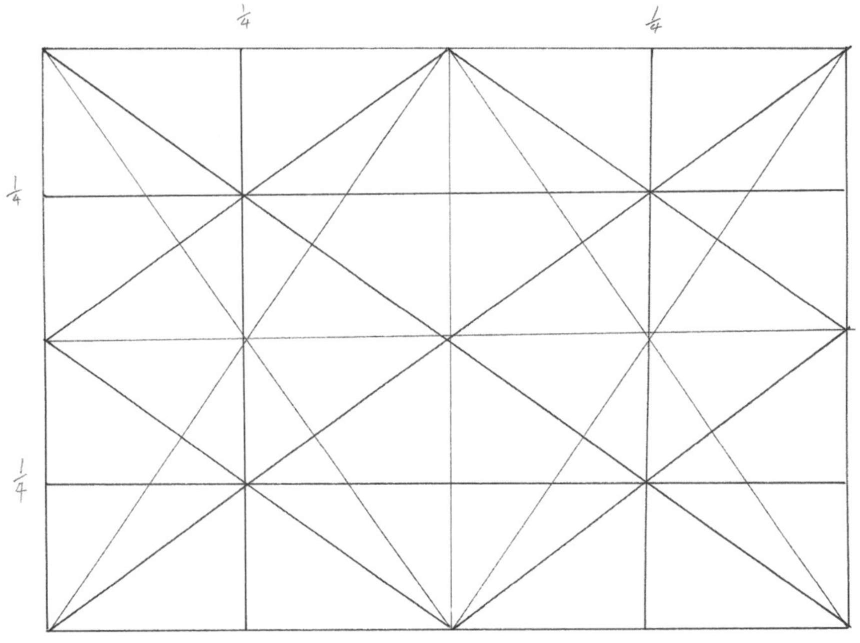

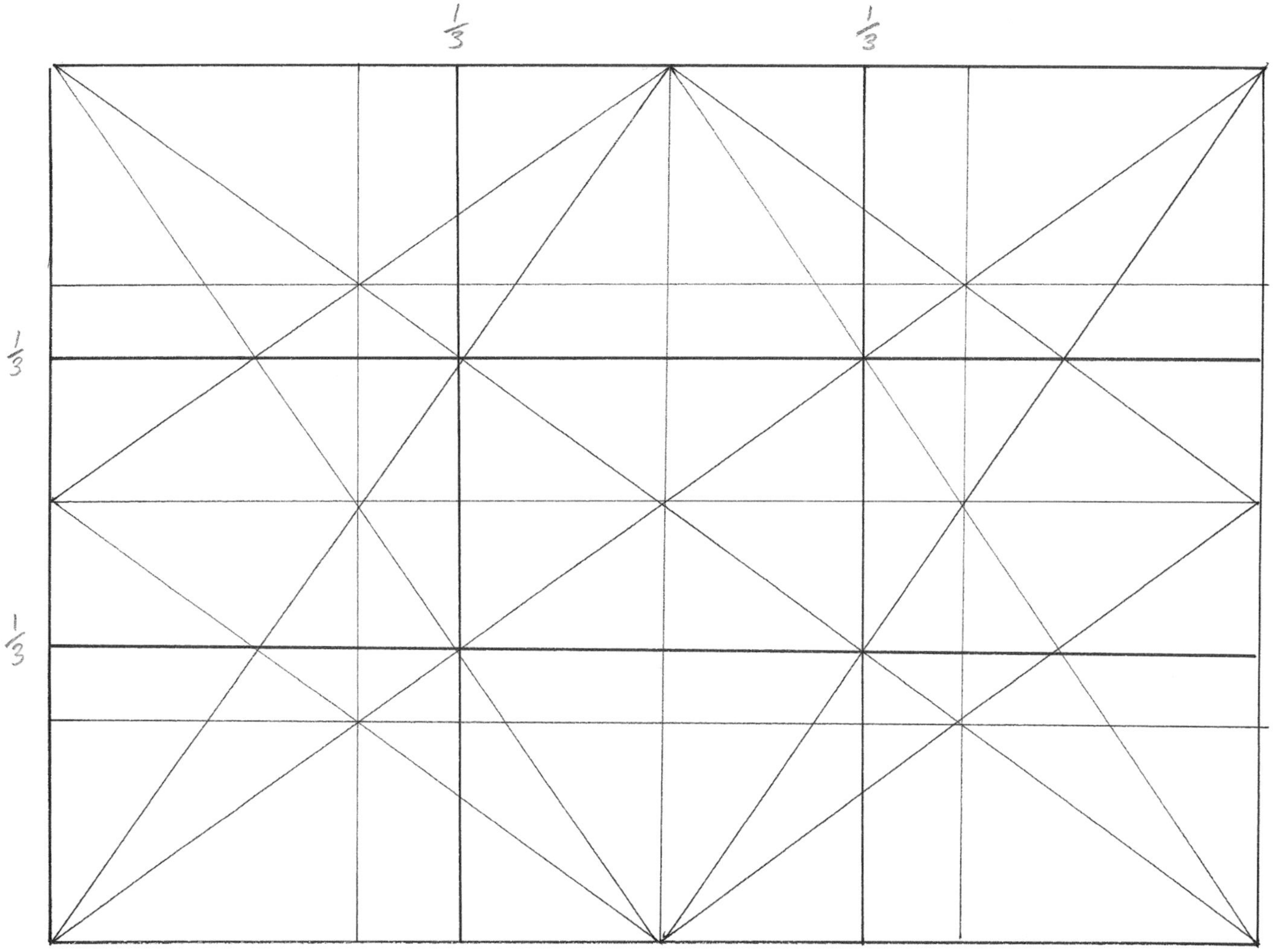

Enfin, tracez les lignes verticales et les horizontales reliant les points d'intersection entre les grandes diagonales et les petites diagonales du début, afin de repérer le tiers de chaque côté. Vous obtenez ainsi un gabarit pour diviser n'importe quelle feuille de même format en deux, en trois ou en quatre. Les exemples suivants vous expliqueront comment exploiter cette technique de manière simple, afin de créer des compositions.

Utiliser ces divisions

L'arbre de la 1re composition se situe au tiers de la largeur en partant de la droite et au 2e tiers en partant de la gauche. Ses racines sont dans le quart inférieur de l'image. Sur la gauche, au niveau du tiers inférieur, une barrière s'étend du bord de la feuille à l'axe central vertical. L'horizon correspond au tiers supérieur de la composition et au loin se dresse un arbre, dans le tiers gauche de l'image. Comme vous le constatez, le résultat est bien équilibré.

L'image suivante est une nature morte de format similaire. Cette fois, le plus grand vase se situe au niveau du tiers gauche et entre le quart inférieur et le quart supérieur. Tous les autres objets sont compris dans le tiers de droite, à hauteur des repères du centre et des tiers inférieur et supérieur. Encore une fois, le résultat donne une composition bien équilibrée.

Les autres images sont au format paysage. La première, représentant deux personnes, est dans le tiers droit de l'image et occupe presque toute la hauteur de la page. L'autre personne est assise le long d'un mur s'étendant du bord gauche de la feuille jusqu'au tiers de la longueur. Cette composition très simple crée une tension intéressante entre les sujets.

Dans le paysage urbain, l'un des bâtiments du premier plan occupe le tiers droit de l'image, du haut de la page au tiers inférieur. L'autre bâtiment occupe le tiers gauche, de la moitié de la feuille au quart supérieur. Le bâtiment au loin est à l'intersection entre le repère central vertical et le repère du quart supérieur. Un peu de végétation dans le quart inférieur gauche permet d'adoucir les contours des bâtiments.

Comme l'illustrent ces exemples, en divisant les côtés par 2, 3 et 4, vous pouvez créer une multitude de compositions.

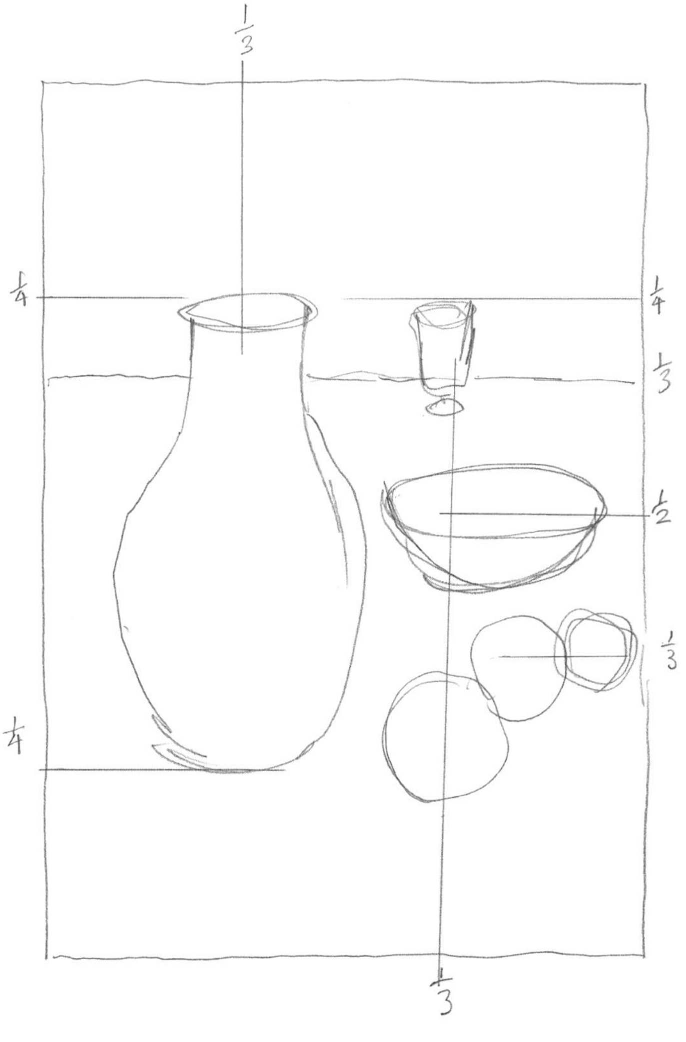

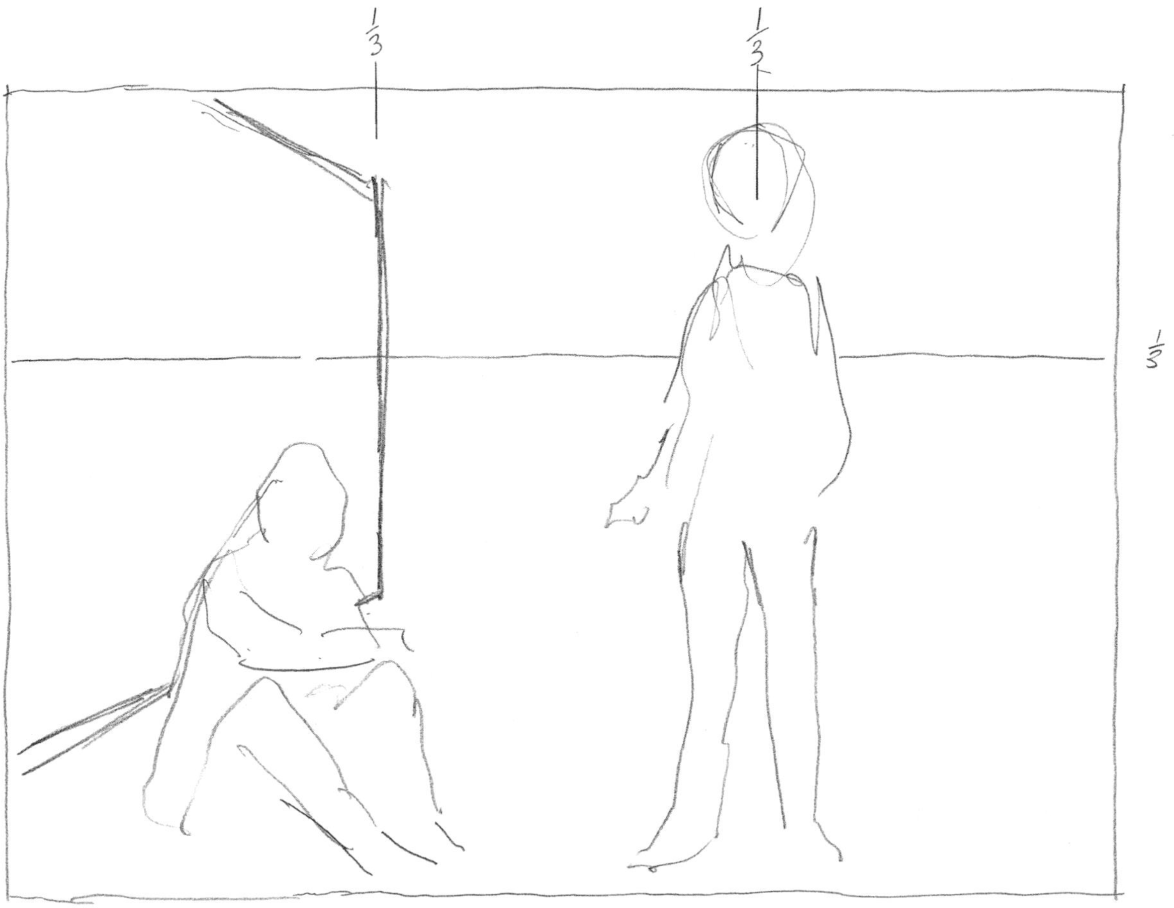
1/3
1/3
1/3

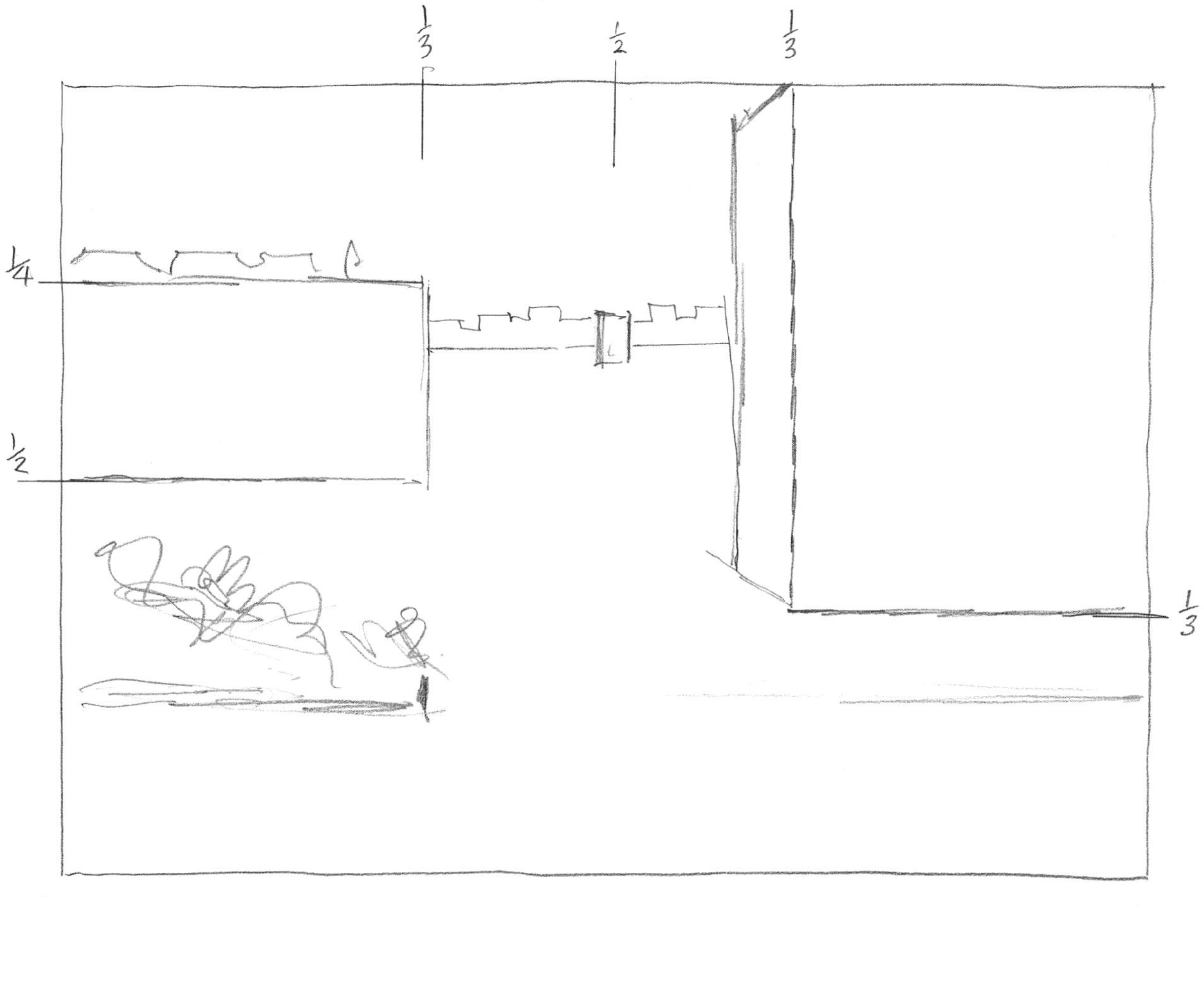
1/3
1/2
1/3
1/4
1/2
1/3

LA COMPOSITION AVEC PERSONNAGES

Essayons de créer une composition incluant plusieurs personnes. Voici une approche très concrète, où vous pourrez reproduire cet exemple ou tenter de réaliser un dessin similaire d'après votre propre modèle. Vous pourrez appliquer ces principes à vos créations en suivant les explications étape par étape.

Étape 1

Si vous souhaitez créer votre composition, prenez une scène qui vous est familière, pour plus de vraisemblance.

Le dessin ci-contre représente trois personnes dans un jardin. La femme au premier plan est à genoux près d'un parterre de fleurs, avec un outil de jardinage à la main. Elle est un peu décalée vers la gauche, pour libérer le côté droit de la feuille, où un homme est assis sur une chaise longue, assez en retrait. À gauche de la figure centrale, une autre femme avance dans sa direction. Les arbres du jardin voisin occupent à peu près le tiers supérieur de l'image.

Voici une autre scène qui est très familière. Il s'agit d'un artiste et son modèle, ainsi qu'une troisième personne. L'artiste est assis derrière la table, qui occupe le centre de la composition. Son modèle est au premier plan, à droite.

C'est le modèle qui occupe le plus d'espace et ses pieds ne sont pas visibles. Elle est assise dans le coin inférieur droit et occupe environ un tiers de l'image, selon un axe en diagonale. L'artiste est le deuxième sujet le plus proche, mais la table cache une grande partie de son corps. La troisième personne est presque au centre de l'image, mais plus en retrait, comme si elle venait d'entrer.

Étape 2

Détaillez les deux esquisses. Cette étape prend du temps et c'est à ce moment-là que l'on détermine à quoi doit ressembler chaque élément. Si l'une des images vous semble plus intéressante que l'autre, vous êtes libre d'abandonner l'autre en cours de route, pour vous concentrer sur celle qui vous plaît le plus.

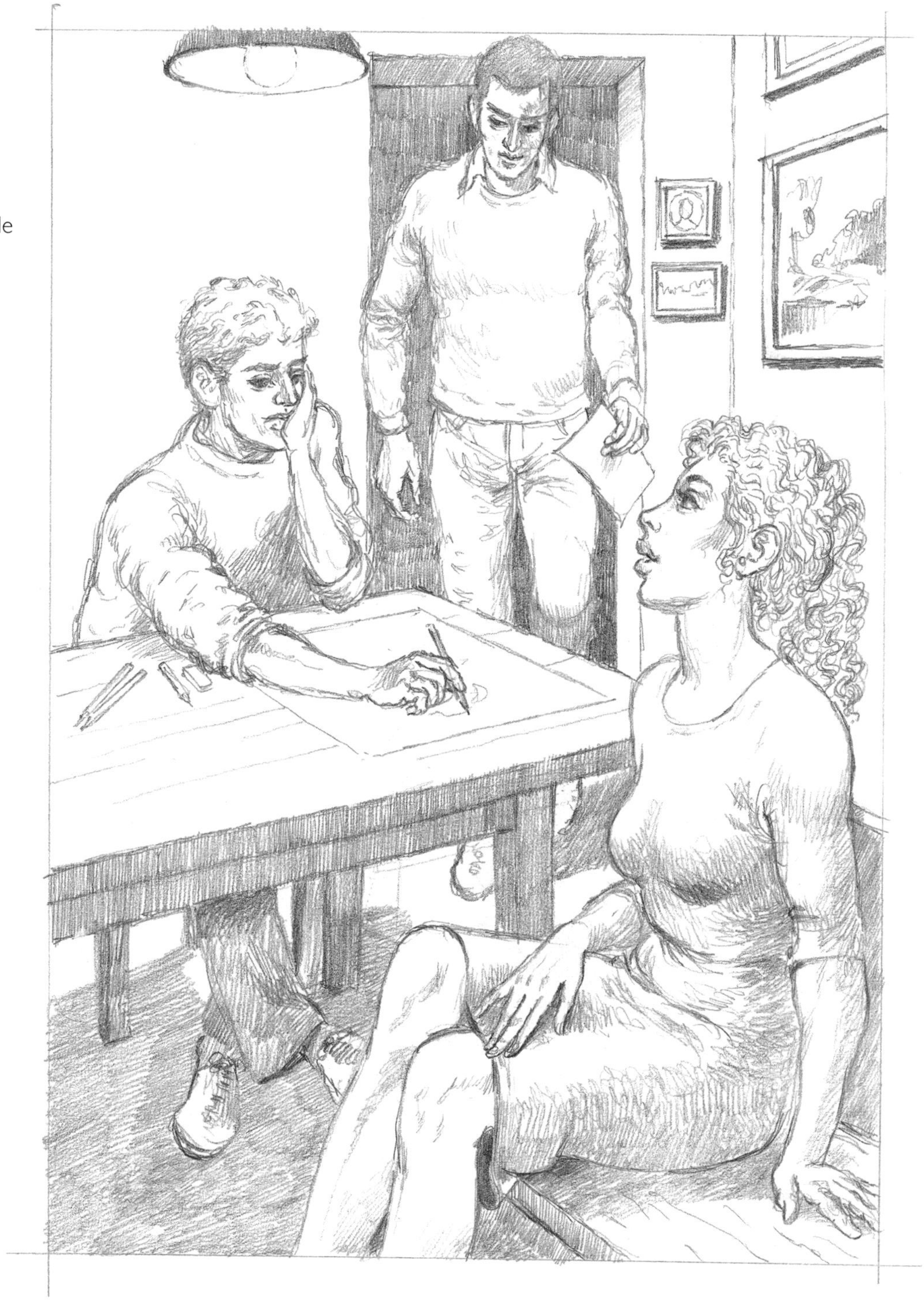

Étape 3

Pour une composition comme celle de l'artiste, son modèle et un troisième personnage, déterminez d'abord à quoi ressemblera le personnage central. Dessinez la tête d'un modèle posant dans des positions différentes ou bien d'après photographies. Ensuite, penchez-vous sur le physique de l'artiste et la façon dont l'autre homme fait son entrée, puis sur la femme assise.

Étape 4

Une fois ces recherches terminées, remettez les personnes en situation en réalisant ce qu'on appelle un « carton », c'est-à-dire un dessin linéaire de l'image complète, et procédez aux derniers changements, si nécessaire. Conservez une version de ce carton afin de pouvoir corriger certains détails après avoir appliqué les valeurs.

Une fois le carton terminé, ajoutez les ombres de façon uniforme (voir ci-contre). Choisissez un ton clair pour l'instant, car il est plus difficile d'éclaircir une valeur que de l'accentuer. Cette étape sert à indiquer l'orientation de la lumière et à étoffer les contours de vos sujets.

Étape 5

Le moment est venu de finaliser les détails. En vous reportant à votre carton, pour vérifier qu'aucune forme n'aura été modifiée, appliquez les valeurs les plus sombres afin d'évaluer la profondeur de l'espace dans votre composition. Prenez votre temps, car la qualité du résultat dépend du soin et de l'attention que vous accorderez à cette dernière étape.

Votre composition et tous les dessins préliminaires sont achevés. Conservez ces derniers quelque temps. Ils pourraient vous être utiles pour une prochaine composition. Dans les ateliers, autrefois, les dessins préliminaires étaient réutilisés plusieurs fois dans différentes compositions.

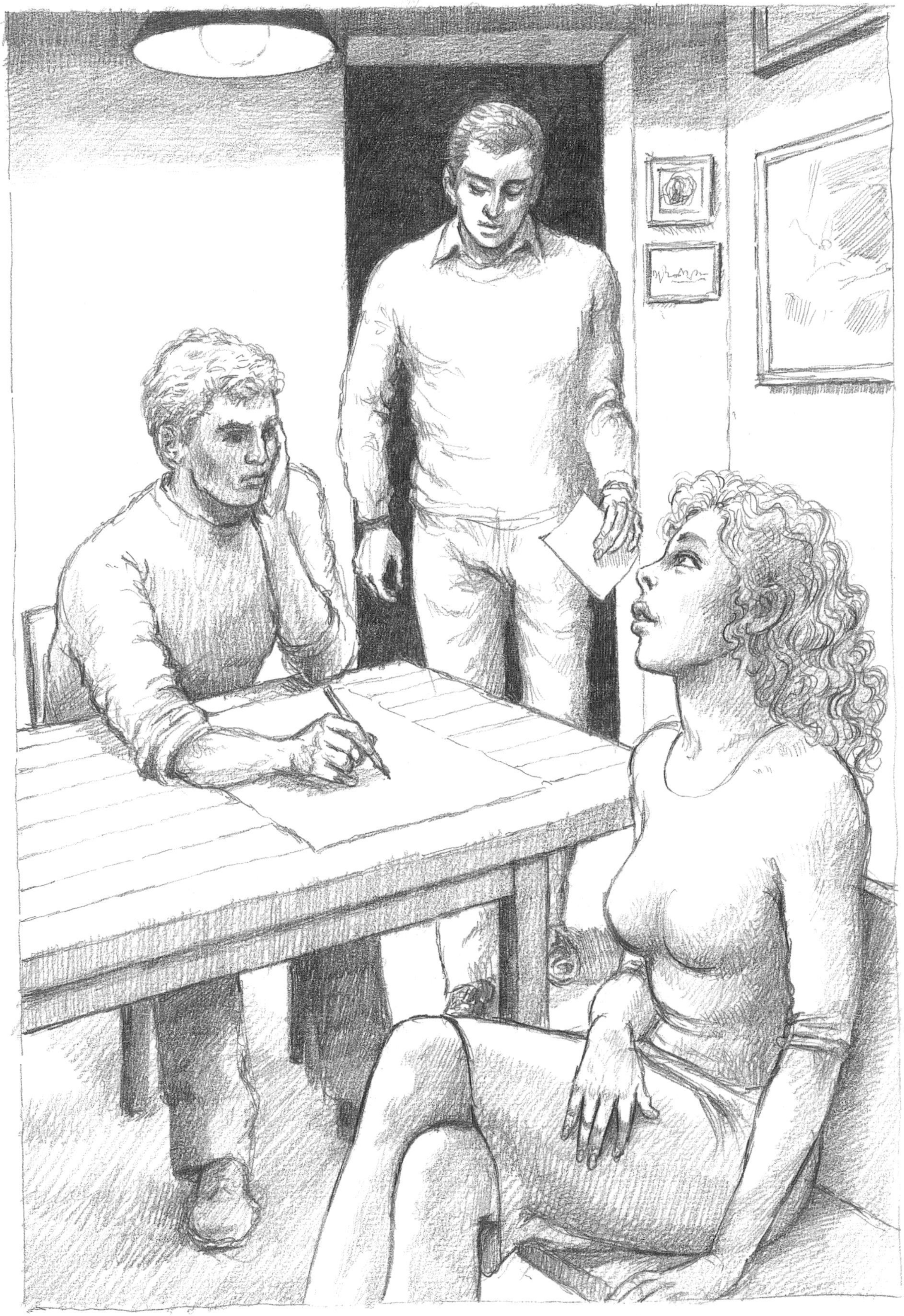

LEÇON 10

L'ÉTUDE DE NATURE MORTE

Cette leçon vous apprendra à composer de belles natures mortes et vous donnera de quoi travailler ce genre. La nature morte était traditionnellement considérée comme le type de composition le plus basique, que tout artiste se devait de connaître. C'est le moyen le plus simple de travailler sa pratique des différents types de matériel, et ce ne sont pas les sujets qui manquent. Vous trouverez sous votre propre toit des tas de compositions accidentelles, qui se seront formées sans aucun effort de votre part.

Ce genre est le moyen le plus accessible pour pratiquer et s'améliorer, et vous ne devriez jamais cesser de dessiner des natures mortes. Qu'importe la quantité de personnes, d'animaux ou de paysages que vous dessinerez sur une même composition, la nature morte reste la façon la plus simple de parfaire votre technique.

NATURES MORTES SIMPLES

Composer une nature morte n'a rien de compliqué, mais cela demande un minimum de réflexion et d'appréciation esthétique. Si vous débutez, pensez à constituer progressivement une réserve d'objets, en réfléchissant à l'aspect global de l'arrangement. Commencez simplement par choisir des objets qui posent des problèmes intéressants à l'artiste.

Dessinez d'abord un groupe d'objets posés : un pot en verre rempli de crayons. Mettez en évidence la transparence du pot et la variété des pointes de crayon. Ce n'est pas évident, mais c'est loin d'être irréalisable.

Ensuite, prenez un plat rempli d'oranges posé sur un buffet. Le plat de fruits est un grand classique des natures mortes et pose le problème des objets sphériques légèrement compressés par les bords du contenant. Ces deux sujets se suffisent à eux-mêmes. Bien sûr, vous pourriez représenter une plus grande portion de l'espace qui les entoure pour montrer vos talents d'artiste, mais vous n'avez besoin d'aucun autre objet pour compléter la composition.

Dessinez maintenant une tige et de multiples petites fleurs dans un vase. C'est un sujet simple et complexe à la fois car, même s'il n'y a qu'une seule tige et un seul vase, ce dernier est fait de verre, une matière difficile à dessiner, et la tige est garnie d'une multitude de petites fleurs. Procédez en deux étapes : le tracé linéaire, suivi d'éventuelles corrections, puis la construction des dégradés, pour que l'objet final prenne toute sa dimension.

Appliquez une valeur claire et uniforme sur toutes les zones d'ombre, en laissant le papier intact au niveau des rehauts.

Ensuite, appliquez des valeurs de différentes intensités pour donner corps aux objets. Le fond noir fait ressortir l'éclat des fleurs et le fond clair derrière le vase permet de simplifier la représentation de la surface en verre. Dessinez toutes les distorsions visibles à travers le verre et l'eau, pour un rendu plus réaliste.

ARRANGEMENTS ACCIDENTELS ET MISE EN SCÈNE

Cette nature morte représente un vase de fleurs posé à côté d'une fenêtre. On peut y observer le rebord de la fenêtre en perspective, la façon dont la lumière extérieure éclaire les objets et le jardin à travers la vitre. Jusqu'ici, à l'exception du premier dessin de fleurs, tous les sujets de nature morte étaient déjà en place, attendant que quelqu'un remarque à quel point ils étaient intéressants. En effet, à force de dessiner des natures mortes, on se met à voir des sujets de dessin partout autour de soi.

Le choix suivant est plus réfléchi. Placez deux carafes de tailles différentes côte à côte, de sorte que les becs soient plus ou moins face à face et que les formes, l'une petite, ronde et sombre, tandis que l'autre est haute, droite et de couleur claire, se répondent.

Cette composition est beaucoup plus complexe. On y voit des tasses suspendues sur un buffet, des verres alignés sous l'étagère et un panier en osier rempli de fruits soigneusement disposés. Cela rappelle les natures mortes traditionnellement peintes par de nombreuses générations.

À présent, étudions cette nature morte nettement moins décorative, composée d'un tas d'outils basiques. Le but ici est de montrer l'aspect puissant des objets posés sur cette surface. C'est pourquoi il faut conserver des traits un peu bruts, qui accentuent la robustesse de leurs contours anguleux et la nature accidentelle de cette composition.

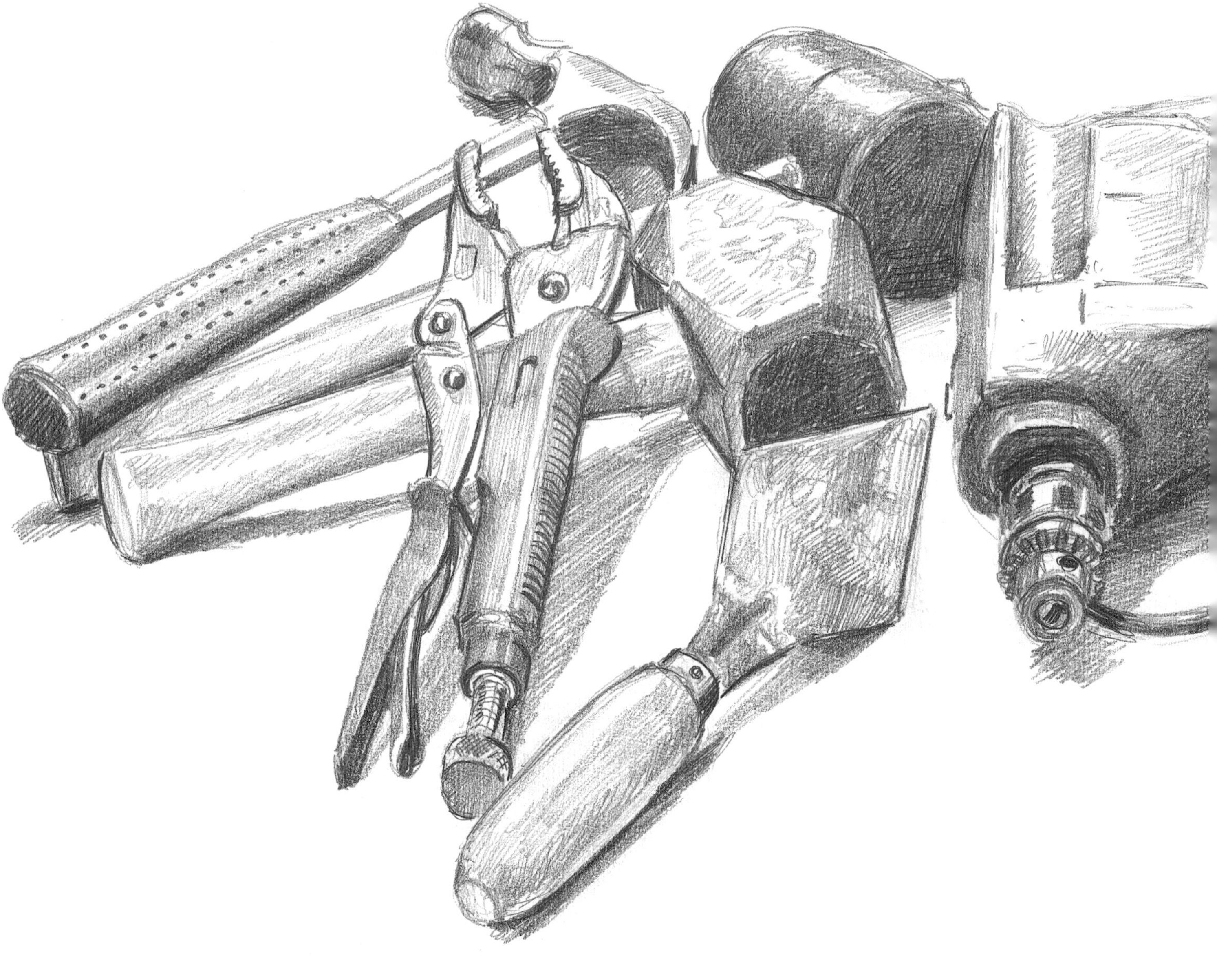

Voici une autre scène domestique, représentant une miche de pain sur une planche à découper avec, juste derrière, deux paniers de fruits posés sur le rebord de la fenêtre. C'est un tableau de la vie courante, dessiné sans réel arrangement.

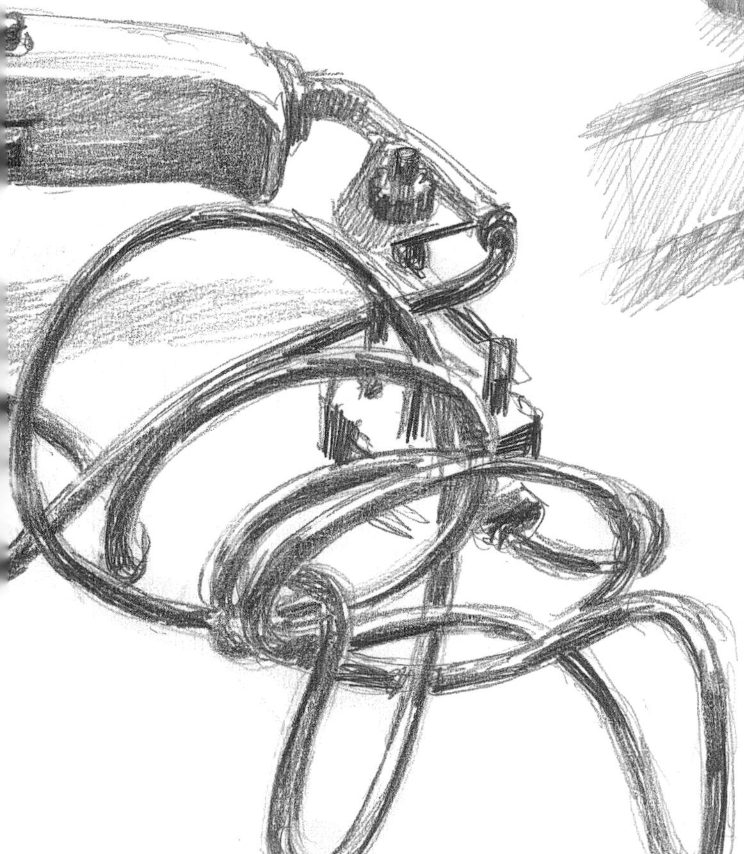

Cette nature morte, réalisée d'après une photo du XIXe siècle, a été composée de façon méticuleuse et représente différents aliments probablement réunis en vue de la préparation d'un repas. Les objets créent des contrastes intéressants, avec quelques œufs lisses logés au creux d'un nid végétal arrondi, tandis que les plus grands légumes sont appuyés contre une magnifique soupière en céramique. Le tout produit une composition équilibrée et esthétique.

Cette composition est très minimaliste et très soignée. Elle est intéressante surtout par l'association des différentes matières qui la composent.

NATURES MORTES ÉPHÉMÈRES

La nature morte tire en partie son charme des tableaux simples et domestiques qu'elle dépeint souvent : un service à thé, un manteau jeté sur un fauteuil… Même le plus simple des dessins est capable de restituer une belle atmosphère.

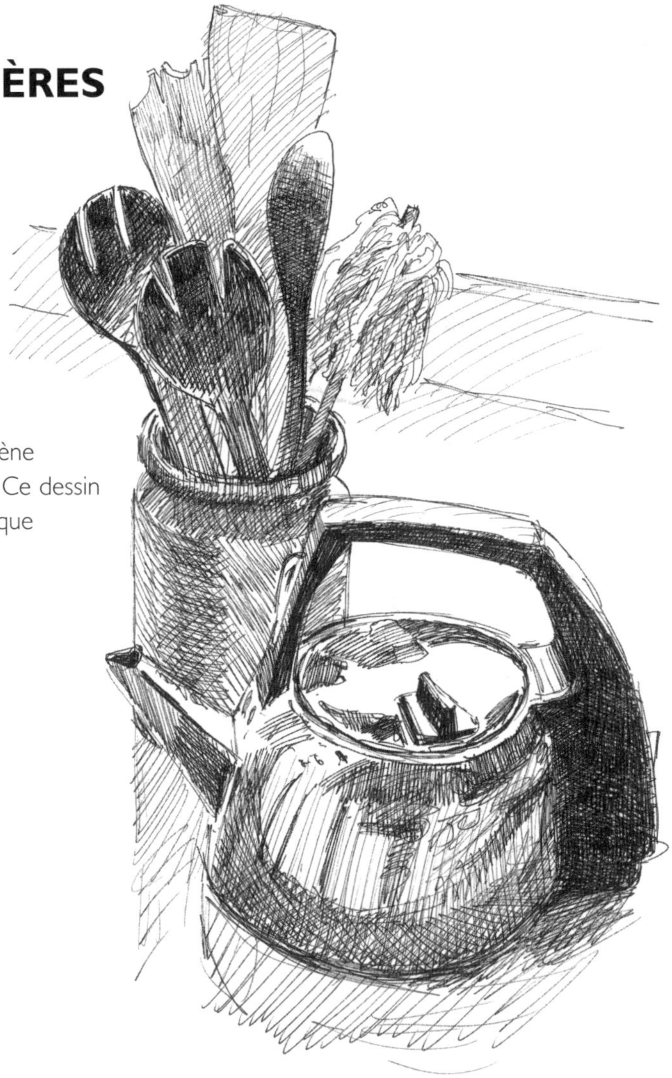

Cette composition verticale, met en scène des ustensiles de cuisine à contre-jour. Ce dessin réalisé rapidement donne l'impression que l'arrangement n'est que temporaire.

Voici l'expression la plus simple du service à thé : une tasse, une soucoupe, une théière et un pot à lait. C'est un tableau typique du quotidien de nombreuses personnes.

Ces natures mortes mettent en scène des vêtements. Ci-contre, on voit une porte, probablement située en extérieur, à laquelle est accroché un vieux pardessus. Ci-dessus, il s'agit d'un gros manteau jeté sur un fauteuil en osier et à côté duquel on a posé une paire de chaussures. Il semble qu'à tout moment quelqu'un pourrait arriver et emporter ces objets.

Cette composition, bien qu'assez formelle, traduit elle aussi cette notion d'instantanéité : une bouteille, un verre et une assiette de châtaignes.

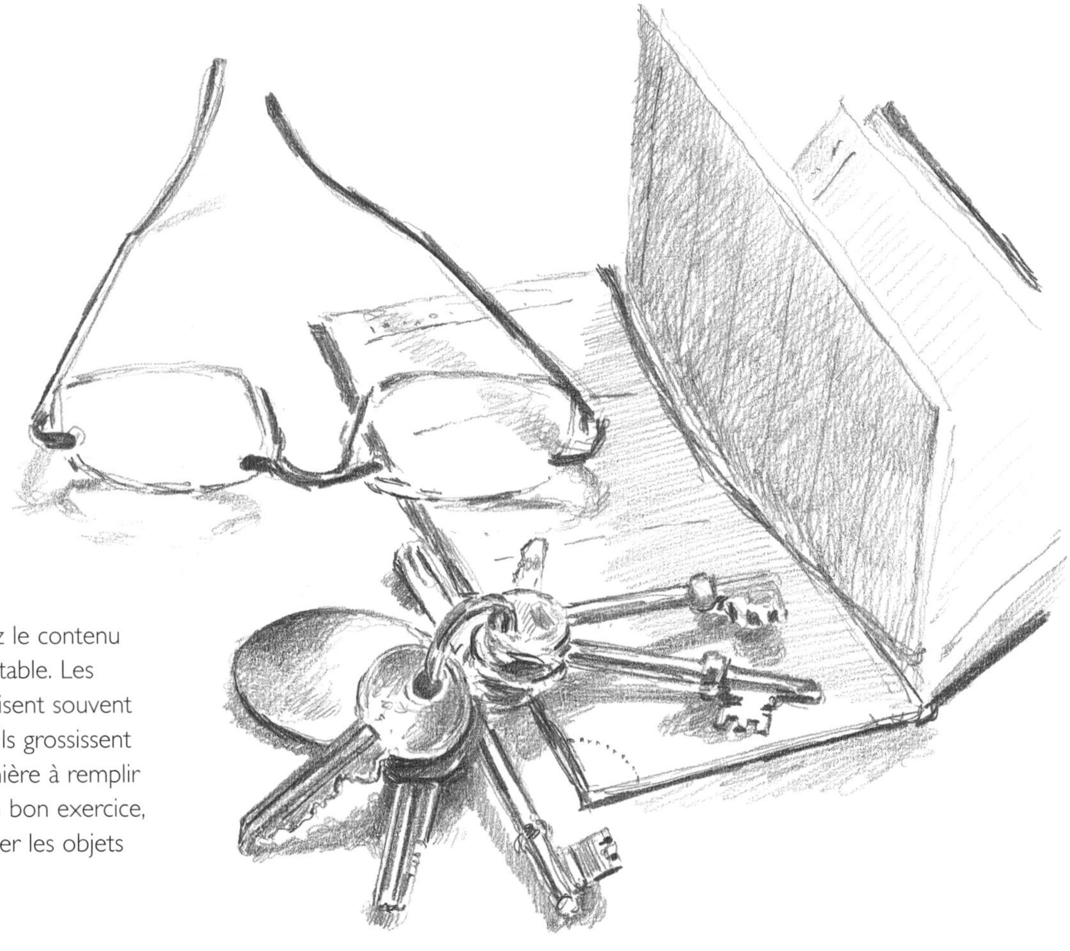

Pour ce dessin, déposez le contenu de vos poches sur une table. Les étudiants en dessin réalisent souvent ce genre de projet, où ils grossissent de petits objets de manière à remplir toute la feuille. C'est un bon exercice, qui encourage à observer les objets de très près.

Dans le même style, cette tarte, inspirée d'une œuvre de l'artiste Euan Uglow, est dessinée de manière très détaillée, comme s'il s'agissait d'un objet imposant et chargé de sens.

Ces fruits sont éparpillés de façon aléatoire, sans effet de composition particulière.

LA NATURE MORTE, ÉTAPE PAR ÉTAPE

Les dessins suivants vous montreront comment sélectionner un sujet de nature morte, vous comprendrez qu'il faut prendre le temps de laisser mûrir ses idées.

Choisir son sujet

La première étape consiste à inspecter votre domicile et à réfléchir aux différentes possibilités. Commencez par repérer un objet, comme cet arrosoir si vous disposez d'un jardin, intéressant tant par sa forme que par sa matière.

De retour dans votre atelier, étudiez votre chevalet et votre boîte-chevalet rangés dans un coin, avec un sac à dos plein de matériel de peinture posé devant eux.

En entrant dans une maison, on remarque toujours les photos de famille encadrées, des pots ou même une bougie posés sur un meuble. La composition est un peu plus soignée que les précédentes.

Dans la cuisine, choisissez des poteries aux formes complémentaires.

Dessins préliminaires

Pour continuer d'explorer le thème de la cuisine, prenez des fruits, des pommes et des oranges, par exemple, et disposez-les de manière à pouvoir les exploiter. Le thème se développe.

Toujours dans le même esprit, dessinez une marmite, puis des verres à vin. Tous ces travaux préliminaires vous permettront de réussir votre composition. Même si cela vous prend plusieurs jours, c'est une étape essentielle avant la réalisation d'une pièce importante.

Complétez vos études avec une boîte à œufs. Votre nature morte commence à prendre forme.

Dessinez un torchon pour varier les textures.

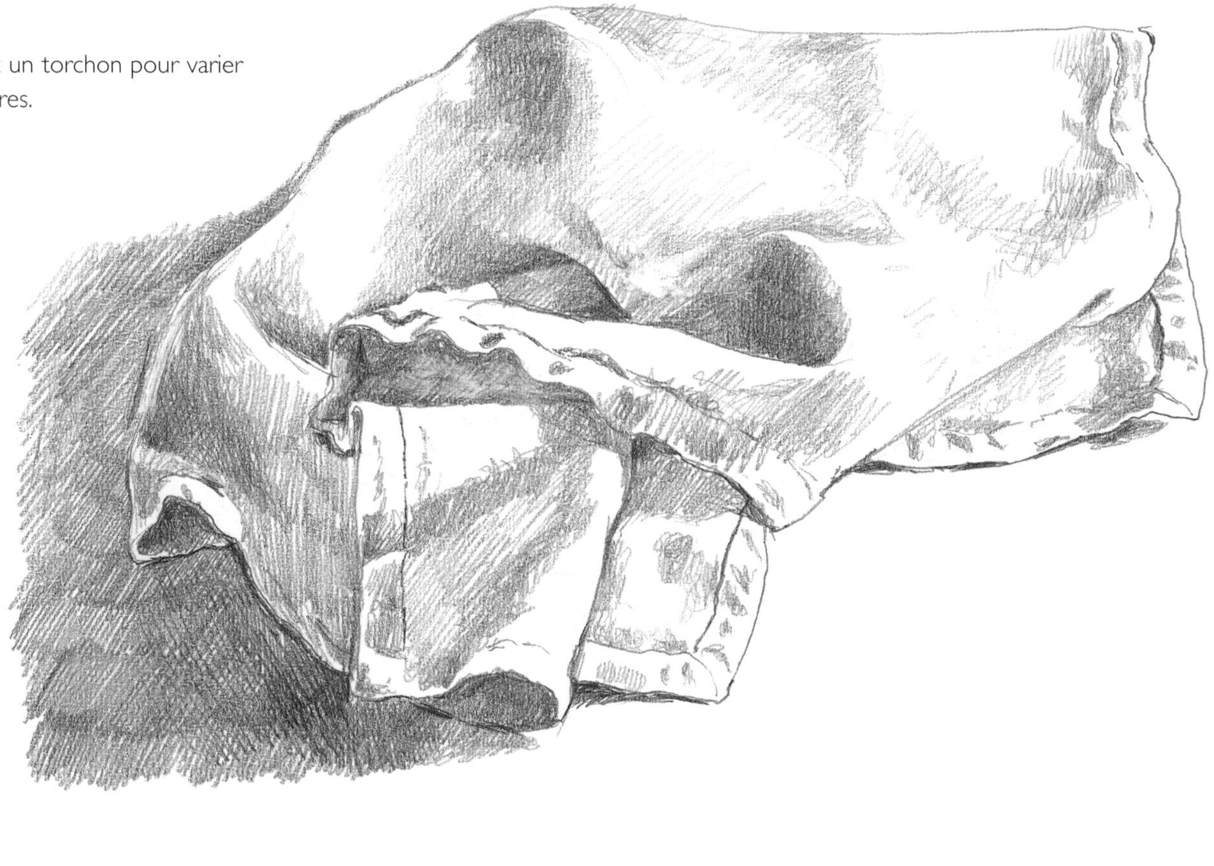

Choisir une composition

Sélectionnez maintenant les éléments et essayez différentes dispositions. Dessinez succinctement une composition avec quelques-uns des objets que vous avez collectés.

Variez les essais. Certains de vos dessins vous plairont, d'autres non.

Ces différentes ébauches sont toutes très utiles, car elles vous aident à définir clairement ce que vous recherchez.

Vous pouvez réaliser ce travail préliminaire bien à l'avance, mais placez-vous toujours à l'endroit où vous comptez dessiner le moment venu. Ainsi, vous ne tarderez pas à trouver ce qui vous plaît.

Étape 1

Maintenant, disposez soigneusement tous les objets, en choisissant parfois d'échanger certains d'entre eux contre des objets similaires mais de taille ou de style différents. Réalisez un dessin linéaire, en corrigeant tous les défauts au fur et à mesure, de manière à obtenir un carton précis de l'ensemble.

Étape 2

Appliquez une valeur uniforme sur toutes les zones d'ombre, pour mieux voir la façon dont la lumière tombe sur les différents objets.

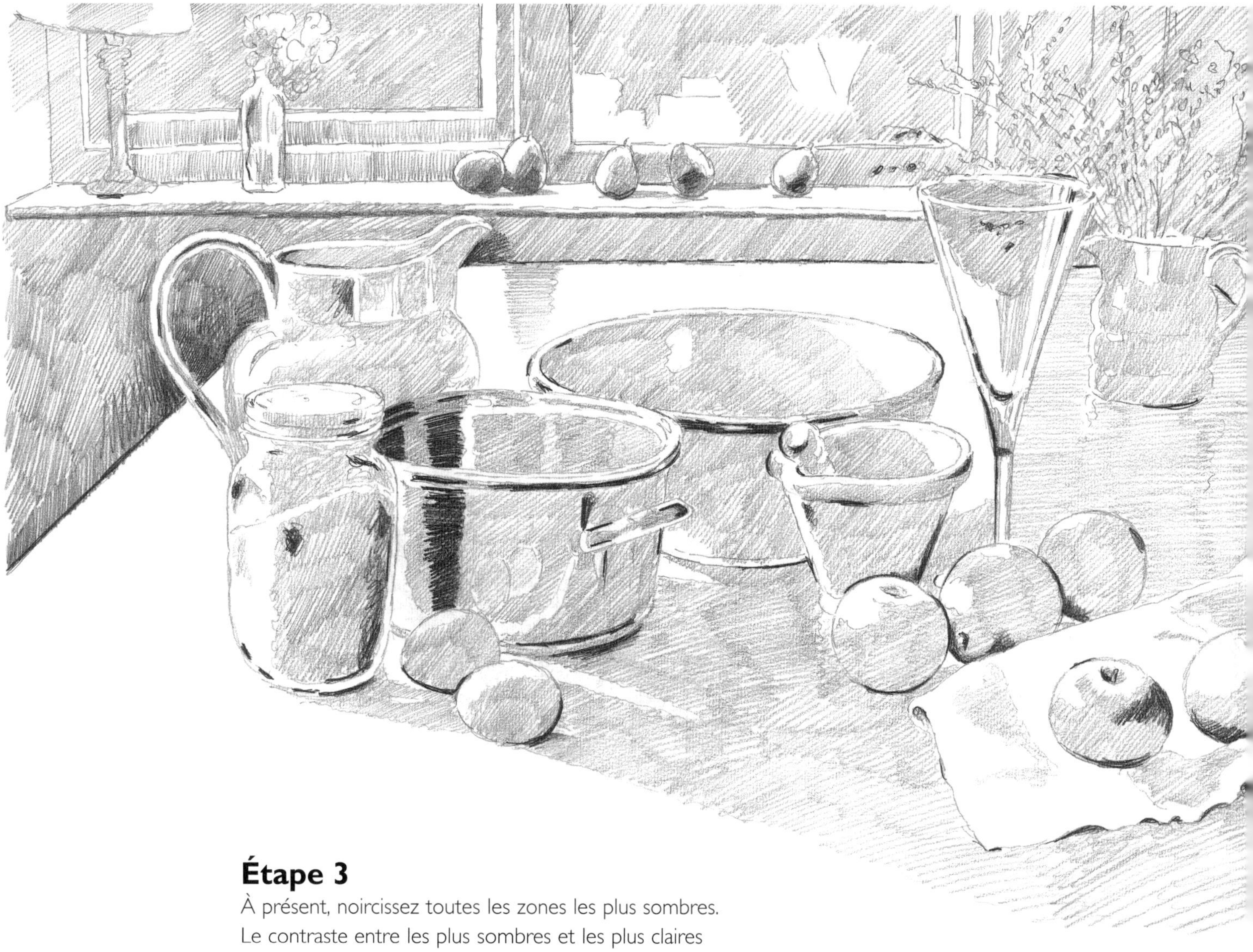

Étape 3

À présent, noircissez toutes les zones les plus sombres. Le contraste entre les plus sombres et les plus claires permet de mieux évaluer les valeurs intermédiaires. Même si cette étape prend du temps, appliquez-vous, car cela améliorera nettement la qualité de l'image finale.

Étape 4

Enfin, construisez soigneusement les dégradés, qui donneront du relief à votre dessin et souligneront l'effet de la lumière sur les différents objets tout en révélant leur matière.

LEÇON 11

VISAGES ET PORTRAITS

Beaucoup d'artistes considèrent le visage comme le plus beau des sujets. Réaliser un portrait témoigne des progrès accomplis, car c'est un exercice extrêmement délicat, où le degré de ressemblance avec le sujet est directement appréciable.

Cependant, au-delà de la reproduction exacte des traits d'une personne, le portrait est aussi une œuvre d'art. Dans cette leçon, vous verrez comment faire des portraits ressemblants de vos proches, mais aussi comment faire de ces dessins de véritables œuvres d'art.

La mise en scène demande une certaine réflexion de votre part : vous devrez vous interroger sur le caractère de votre modèle, la manière dont vous l'éclairerez et la pose qu'il devra adopter. Ce genre de considérations peut engendrer des effets de style très différents les uns des autres et rendre l'exercice nettement plus intéressant, pour l'artiste mais aussi pour le modèle. Il existe des portraits très formels, comme les portraits institutionnels pour la postérité, réalisés sur commande, alors que d'autres sont beaucoup plus naturels et représentent souvent des personnes de notre entourage. Le modèle peut apparaître sur un fond neutre, qui ne révèle rien de ses habitudes, ou au contraire entouré d'objets familiers ou symboliques. C'est un genre qui offre de nombreuses possibilités vraiment fascinantes.

COMPOSER UN PORTRAIT

La première chose à prendre en considération est le format, qui dépendra en grande partie de quelles portions du modèle et du fond vous donnerez à voir. Observons les choix faits par différents artistes et les effets ainsi produits.

Celia Bennett propose ici un portrait de face où l'on ne voit que la tête du modèle, qui occupe presque tout le cadre. C'est souvent le premier type d'image qui vient à l'esprit quand on parle de portrait et cette approche assez basique est aussi un très bon point de départ.

Cette image, réalisée à partir d'une œuvre de Lucie Cookson, montre la tête, le buste et les mains du modèle. La tête est légèrement tournée et le modèle ne regarde pas l'artiste. Cela établit un rapport moins frontal et en révèle un peu plus sur le langage corporel du modèle, ce qui laisse place à l'interprétation de l'artiste. Observez l'éclairage choisi, très intéressant lui aussi.

Avec ce portrait, Keith Robinson nous montre la tête et les épaules de son modèle. La tête est légèrement baissée et les épaules tournées vers le côté. L'espace autour de la tête donne un aspect formel, mais dans l'ensemble le résultat est très agréable et attrayant.

Ce dessin, réalisé d'après une œuvre de Geert Schless, montre la tête et les épaules du modèle vu de profil, ce qui crée un effet plus formel et dénué d'émotion, comme si l'artiste réalisait une étude parfaitement objective de son sujet. Ce type de portrait est rarement commandé, car les gens n'ont pas l'habitude de se voir ainsi. C'est un style très objectif, qui a connu son heure de gloire pendant la Renaissance, en Italie.

Les dessins ci-dessus, d'après les œuvres de Mary Cassatt, sont de formats quasi similaires. La tête et les épaules sont visibles, mais l'ajout d'un éventail donne immédiatement une indication sur l'époque. Le portrait de gauche est celui d'une jeune femme, presque de profil. L'éventail lui cache la poitrine, on ne voit donc que la tête et l'accessoire.

Ici, le cadrage est un peu plus large. Le sujet est dessiné jusque sous la taille et se tourne un peu plus vers l'artiste. On voit la main qui tient l'éventail et la tête du modèle se reflète dans un miroir placé derrière, ce qui engendre un effet de profondeur.

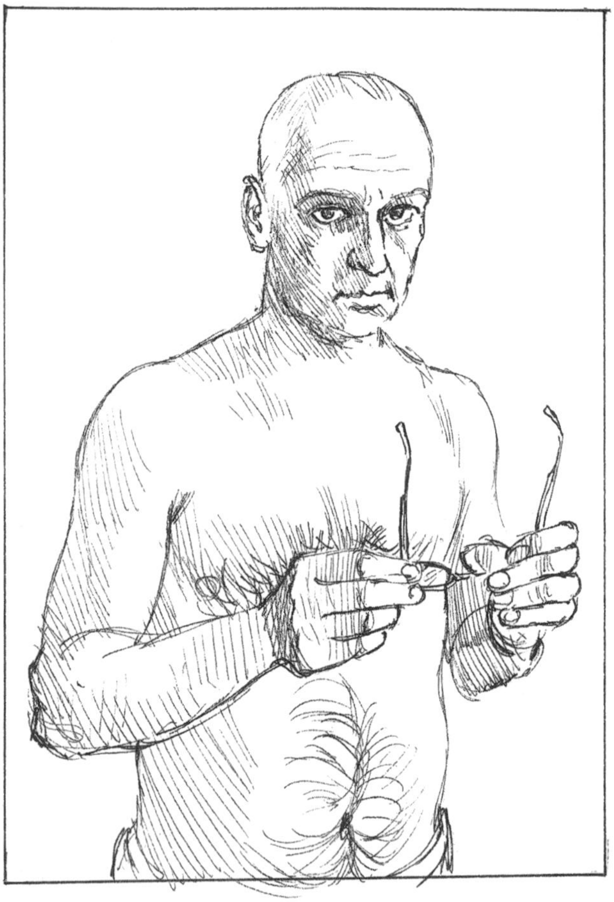

Voici deux portraits masculins de caractère. Le premier, d'après Annemarie Busschers, représente un homme, vu jusqu'à la taille. Le fait qu'il soit torse nu retient l'attention du spectateur. L'artiste en montre-t-elle trop ou est-ce un excellent moyen de donner de la présence au sujet? Celui-ci tient ses lunettes à la manière d'un érudit, comme s'il s'interrogeait sur le regard que vous posez sur lui.

Ce modèle est assis dans le cadre d'une grande fenêtre où se reflète la lumière d'une ampoule. Ce portrait très formel de Oisin Roche fait penser à une sorte de portrait royal. Le sujet occupe une portion relativement limitée de l'espace et la fenêtre devient un élément majeur de la composition. Bien que ces portraits représentent leurs sujets en buste ou en demi-grandeur, les poses affirmées de ces derniers semblent donner un aperçu de toute leur personne.

Voici deux portraits en pied. L'un des sujets est assis devant un fond sombre et l'autre pose debout dans un espace baigné de lumière, mais tous deux font face au spectateur, sans le moindre signe de gêne. La femme assise de Toby Wiggins semble douce et détendue, mais tout ce vide autour d'elle et ce fond sombre, qui fait ressortir sa silhouette, lui donnent un air grave et imposant. Blaise Smith a représenté une femme debout, mais dont l'aplomb est tourné en dérision par la présence d'un chien placidement assis à son côté et fixant, lui aussi, l'artiste.

Les portraits du bas se servent du cadrage pour attirer immédiatement notre attention. Vincent Brown propose un cadrage très serré qui nous incite à nous concentrer sur le visage et l'attitude du sujet. C'est un procédé astucieux pour s'assurer que le portrait sera examiné en détail.

Sara Shamma expose son modèle comme une fleur exotique, tenant un cigarillo d'une main, avec un objet suspendu à gauche du cadre. On observe une ombre projetée complexe sur le mur du fond et la main est représentée à plusieurs reprises, comme si l'artiste hésitait entre différentes poses. Cette femme est habillée avec goût et l'effet produit est celui d'une créature de rêve posant pour notre plus grand plaisir, sorte d'odalisque moderne.

PORTRAITS DE GROUPE

Intéressons-nous aux portraits représentant plusieurs personnes. Dès qu'on introduit une deuxième personne, voire d'autres encore, une nouvelle dynamique s'enclenche, car il faut alors définir le lien qui unit les sujets entre eux : y aura-t-il un contact physique ? Se regarderont-ils ou regarderont-ils l'artiste ? Comment seront-ils placés à l'intérieur du cadre ?

Professeurs Chris et Uta Frith est une œuvre d'Emma Wesley qui représente un couple de chercheurs assis dans leur bureau. Le portrait met en scène toutes sortes d'éléments probablement en rapport avec leur passion et leurs travaux. Ils sont assis l'un à côté de l'autre mais tournent la tête pour nous regarder, comme si nous venions d'entrer dans la pièce. L'effet produit est à la fois formel et amical, ce qui n'est pas évident et prouve le talent de l'artiste.

Cet exemple, repris de Stephen Rogers, montre deux jeunes femmes, probablement sœurs, posant de façon très formelle, côte à côte, sur un fond abstrait. Elles regardent le spectateur droit dans les yeux, sans expression particulière, comme sur une sorte de double photo d'identité. C'est un choix osé mais amusant.

Ce portrait de groupe, inspiré d'une œuvre de Mary Cassatt, représente une mère avec sa fille et son bébé selon le schéma classique triangulaire, qui rappelle la sainte Trinité des œuvres de la Renaissance. Les rapports entre les sujets sont plus importants que ceux entre les sujets et l'artiste ou le spectateur. L'intérêt mutuel qu'ils se portent leur fait oublier le monde qui les entoure.

DESSINER SA FAMILLE

Voyons ce qui se passe quand nos proches deviennent nos modèles. Votre famille et vos amis constituent un vivier de modèles pour vous aider à pratiquer le dessin, sans oublier que dessiner des personnes facilement accessibles et que vous connaissez bien présente de nombreux avantages. L'intimité qui vous lie peut vous aider à donner du caractère à vos portraits.

Bien sûr, les jeunes enfants et les bébés ne supportent pas de rester immobiles. C'est le genre de sujets pour lesquels un support photographique se révèle très utile. Néanmoins, il est toujours bon d'avoir les modèles d'origine sous la main, ne serait-ce que pour compléter les informations fournies par les photos que vous aurez prises vous-même.

Voici un jeune enfant dans les bras de sa mère et souriant à l'objectif. Ses grands yeux ronds, son nez et sa bouche sont centrés de façon harmonieuse dans l'arrondi de la tête et du visage.

Voici, une fillette allongée par terre, riant et balançant les jambes. Ici, l'attention du dessinateur s'est portée sur l'expression joyeuse du visage.

Voici une jeune fille croquée en pleine discussion avec quelqu'un d'autre et ne faisant presque pas attention à l'artiste.

Cet adolescent arbore un air un peu gêné mais amusé. Comme il ne peut pas poser trop longtemps, il a été dessiné d'après photographie.

Ces portraits sont ceux de deux femmes, une jeune et une plus âgée, en train de bavarder avec quelqu'un. Capturer une expression fugitive n'est pas facile, mais avec un peu de pratique vous en serez bientôt capable.

L'homme en haut à gauche sourit franchement et celui du bas est représenté prêt à sortir de chez lui. Le chapeau de ce dernier permet de bien cadrer le visage et donne du caractère au dessin.

Ces portraits ont été réalisés dans un intervalle de temps assez court, souvent d'après photos et sur l'observation des modèles. C'est un exercice agréable et formateur, dont la pratique est recommandée.

Cette jeune est un très beau modèle. L'inclinaison de la tête et la main sous le menton rendent la pose plus expressive.

LE PORTRAIT, ÉTAPE PAR ÉTAPE

Cet exercice demande beaucoup de travail, mais vous apprendrez énormément de choses sur les traits de votre modèle en passant toute une séance à le dessiner et le redessiner sous tous les angles de vue qui vous semblent utiles.

Esquisser la tête

Il est difficile pour un modèle de garder la pose, aussi trouver un modèle ayant de l'empathie à l'égard de l'artiste facilitera beaucoup les choses.

Dessinez la tête du modèle de profil, de trois quarts et enfin de face, pour obtenir une vue d'ensemble de sa physionomie.

Dessinez-la ensuite de face et de trois quarts, mais en étant plus attentif aux ombres, cette fois, avec une source de lumière vive placée à gauche du visage.

Essayez ensuite un éclairage très uniforme, qui minimise les ombres du visage.

Ici, seule une moitié du visage est éclairée tandis que l'autre moitié est très sombre.

Esquisser différentes poses

Dessinez votre modèle en pied ou en demi-grandeur, afin de déterminer la pose qui conviendra.

Dessinez-le d'abord debout et en demi-grandeur, par exemple le bras posé sur un meuble.

Avec un modèle assis à genoux, vous obtenez une belle forme compacte.

Vous pouvez ensuite lui demander de s'asseoir dans un grand fauteuil, jambes croisées, et de regarder hors champ.

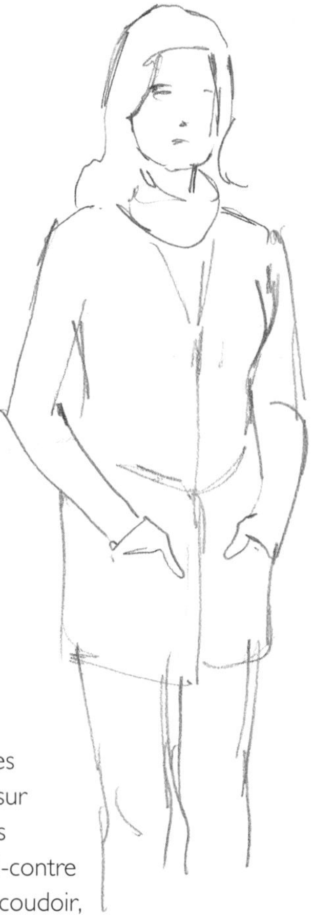

Dessinez différentes poses avec votre modèle assis sur un fauteuil, plus ou moins de face dans l'exemple ci-contre et le bras appuyé sur l'accoudoir, comme ci-dessous.

Demandez-lui aussi de poser debout, dans la position inverse à la première, en incluant son reflet dans le miroir, puis mains dans les poches, appuyé contre un mur.

Voici maintenant deux autres poses assises. Tous ces dessins sont nettement moins détaillés que les esquisses du visage, car il faut ici se concentrer sur la pose, sans se soucier de la ressemblance des traits du visage. Seule la position du corps compte.

Dessiner les traits du visage

Une fois que vous avez choisi votre pose, intéressez-vous aux traits du visage, en dessinant chaque partie de manière détaillée.

Commencez en dessinant un seul œil. Ce n'est pas toujours facile, car votre modèle sera sûrement gêné par vos regards insistants. Cependant, c'est aussi la preuve que vous savez observer votre sujet avec soin. Après avoir dessiné l'œil de face, dessinez-le de profil, puis faites de même avec l'autre œil avant de les dessiner tous les deux, pour étudier l'ensemble ainsi formé, y compris l'espace situé entre les deux.

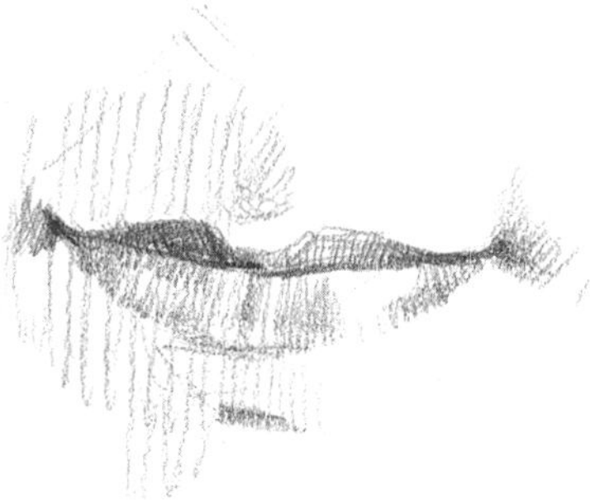

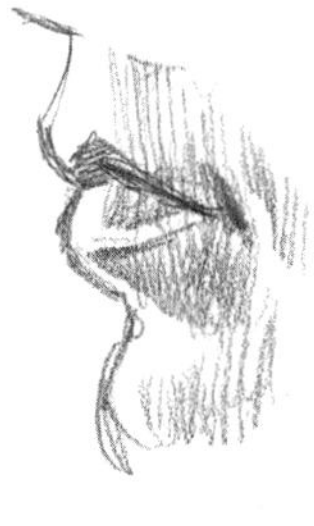

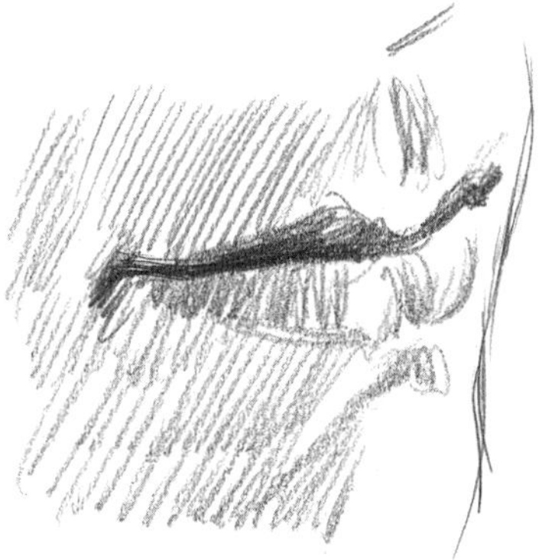

Intéressez-vous à présent à la bouche, et dessinez-la plusieurs fois pour explorer les vues de face, de profil et de trois quarts.

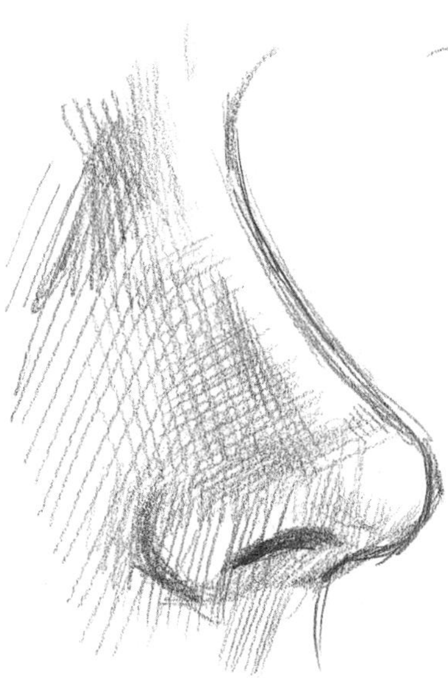

Dessinez le nez, d'abord de profil, puis de face et enfin en y ajoutant les yeux et la bouche, pour étudier les relations entre ces différentes parties.

Quand les cheveux de votre modèle cachent en grande partie ses oreilles, ne dessinez pas ces dernières et passez directement à la chevelure, vue sous différents angles, y compris celui que vous emploierez probablement pour votre portrait final.

Vous disposez à présent de plusieurs dessins de la tête, du corps et des traits du visage. Vous êtes prêt à passer au portrait à proprement parler.

Choisir la composition

Rassemblez vos dessins préliminaires, il ne vous reste plus qu'à choisir la pose et à la dessiner aussi simplement que possible, mais avec toutes les informations nécessaires pour réaliser ce portrait. Ici, la pose retenue du modèle féminin est assise sur un canapé, les jambes étendues devant elle et les mains posées sur les cuisses, la tête légèrement inclinée vers l'artiste. La grande fenêtre à gauche est l'unique source de lumière, c'est pourquoi la moitié du visage du modèle est un peu dans l'ombre.

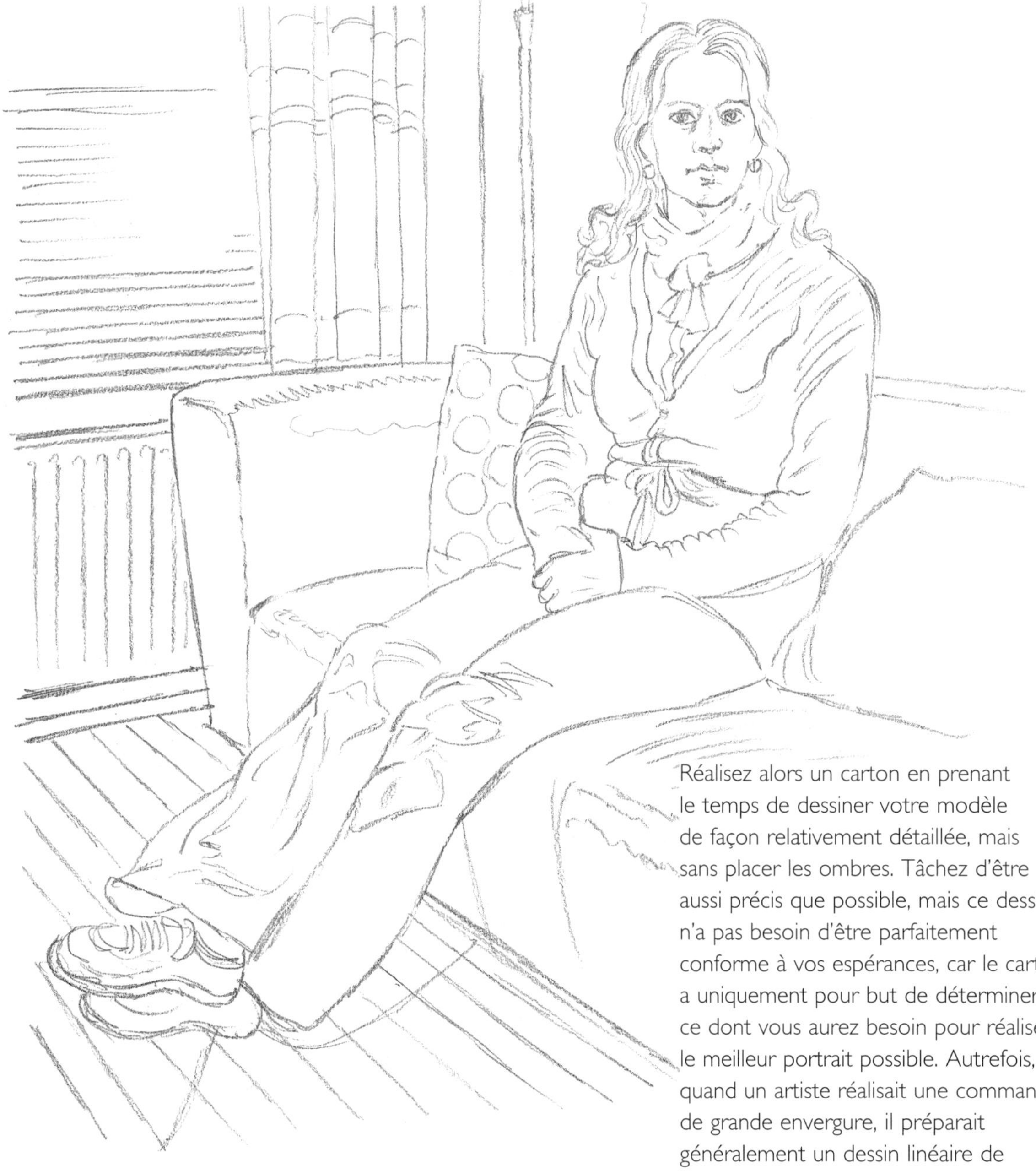

Réalisez alors un carton en prenant le temps de dessiner votre modèle de façon relativement détaillée, mais sans placer les ombres. Tâchez d'être aussi précis que possible, mais ce dessin n'a pas besoin d'être parfaitement conforme à vos espérances, car le carton a uniquement pour but de déterminer ce dont vous aurez besoin pour réaliser le meilleur portrait possible. Autrefois, quand un artiste réalisait une commande de grande envergure, il préparait généralement un dessin linéaire de la composition en taille réelle et celui-ci lui servait de tableau de référence pendant la réalisation de l'œuvre à proprement parler.

Étape 1

Commencez par une esquisse rapide, afin de placer tous les éléments du tableau. La composition doit être presque identique à celle de votre carton, qui se trouve sous vos yeux.

Étape 2

Ensuite, toujours en vous aidant de votre carton, réalisez un dessin linéaire de votre modèle et des éléments qui l'entourent, de façon assez détaillée. Si vous souhaitez encore procéder à des changements, c'est maintenant qu'il faut le faire.

Étape 3

Définissez les zones d'ombre, en appliquant la valeur la plus claire du portrait fini de façon uniforme.

Étape 4

Vous pouvez désormais construire les dégradés pour donner du relief aux formes, jusqu'à obtenir un portrait convaincant et ressemblant. Cela demandera sûrement beaucoup de temps, mais si vous vous en donnez vraiment la peine, alors vous pouvez être sûr que ce portrait fera la fierté de votre modèle, ainsi que la vôtre.

LEÇON 12

EXPLORER LES PAYSAGES

Le dernier chapitre est l'étude détaillée du paysage, car c'est probablement le thème qui demande le plus de préparation. Pour vous aider, prenez l'habitude de toujours emporter un carnet de croquis, où que vous alliez, pour pouvoir garder une trace des lieux qui vous semblent intéressants et vous y référer plus tard. L'appareil photo est un autre outil très utile, car en photographiant un paysage vous vous faites une idée du bon cadrage, ce qui vous permet d'aiguiser votre sens de la composition.

Vous aurez parfois besoin de modifier légèrement le paysage que vous êtes en train de dessiner. C'est une pratique ancienne et couramment employée, aussi bien en milieu rural qu'urbain. Cela dit, mieux vaut tenter, dans un premier temps, de reproduire la scène aussi fidèlement que possible et attendre de mieux maîtriser le sujet pour procéder à des adaptations personnelles.

Le paysage prend toujours plus de temps que n'importe quel autre type de dessin, car les dimensions du sujet à représenter demandent plus de travail et d'efforts. Cependant, une fois le dessin terminé, vous serez très heureux de pouvoir conserver un souvenir du lieu que vous avez visité. L'âme humaine est attirée de façon innée vers le monde naturel et il n'y a rien d'étonnant à ce que la plupart des images qui décorent nos intérieurs s'apparentent à des paysages.

EN QUÊTE DE VARIÉTÉ

Avant de dessiner un paysage, on pourrait se laisser décourager par l'ampleur du sujet à représenter et la quantité de détails à prendre en compte. Pourtant, c'est bien moins difficile qu'on pourrait le croire, et avec un peu de pratique vous serez bientôt plus à l'aise avec ce sujet. Pour bien commencer, essayez de reproduire les dessins suivants.

Voici quelques lieux idylliques très prisés des vacanciers. Le dessin ci-contre représente une ferme sur une colline de Toscane. Le cadre est idéal et ne comporte aucun détail gênant, simplement quelques arbres et les bâtiments de la ferme. Pour un premier essai, ce type de vue clairement délimitée a l'avantage de ne pas vous contraindre à choisir quelle partie du paysage dessiner. Cette ferme est le seul et unique bâtiment à l'horizon. Aussi, cette vue ne pose que très peu, voire aucun problème de perspective.

Cette vue en amont du port de Polperro, en Cornouailles, est un peu plus complexe. Là encore, la vue se limite à une petite portion de la ville, mais il y a tout de même plus de maisons ou, du moins, de toits à dessiner. Il faut se concentrer sur la partie principale du port et les arbres en surplomb. Uniquement les maisons sont détaillées au centre de l'image. L'arrière-plan et les toits sur la gauche sont représentés par quelques traits de crayon rapides visant à suggérer les formes et l'effet recherché.

Cet exemple est un dessin réalisé par Algernon Newton représentant un quartier du nord de Londres. Le canal au premier plan attire l'attention sur la rangée centrale de bâtiments. Le canal reflète à peine les bâtiments et le ciel est un peu nuageux. L'image tire donc toute sa force de cette rangée de maisons traversant l'image de gauche à droite. L'artiste a fait de cette scène ordinaire et sans relief un paysage saisissant qui retient notre attention.

Cette vue des chambres du Parlement, de Big Ben et du pont de Westminster est mondialement connue. Dessiner un paysage célèbre est un vrai défi, car cela demande une certaine précision. La scène ne demande pas vraiment d'effort de composition de votre part : la tour constitue le point central et il ne vous reste plus qu'à délimiter le paysage de part et d'autre de celle-ci. Le pont pose un problème de perspective, mais tant que vous n'en dessinez qu'une petite portion vous devriez vous en sortir sans trop de difficulté. Le plus dur sera de rendre justice à l'architecture complexe des principaux bâtiments, mais tâchez de faire simple, comme dans cet exemple.

FORME ET SPLENDEUR

Les paysages spectaculaires suscitent souvent l'envie de dessiner, qu'ils soient montagneux, aquatiques, naturels ou artificiels. Pour ajouter au grandiose de la scène, vous pouvez accentuer les contrastes ou choisir un angle de vue très incliné.

Ceci est une vue du viaduc qui enjambe le Wear, un fleuve du Devon. C'est un chef-d'œuvre d'architecture dans un superbe écrin de verdure. Ce genre de paysage permet beaucoup de compositions spectaculaires, mais la plus simple de toutes a été choisie pour mettre en évidence la forme du viaduc et son reflet dans l'eau du fleuve. De plus, l'éclairage à contre-jour fait ressortir la silhouette du viaduc, qui contraste avec l'eau et le ciel éclatant.

Cette vue sur les jardins du château d'Hampton Court, près de Londres, est une leçon de jardinage à très grande échelle. Le paysage présente des motifs très soignés composés de plantes et d'allées, tandis que l'imposant bâtiment en arrière-plan constitue un contrepoint intéressant à la douceur formelle des fleurs et des pelouses du premier plan. Le dessin ne montre qu'une partie du jardin, contrairement à ce qu'on observerait en vue panoramique. C'est une sorte d'environnement domestiqué, mais à très grande échelle.

Le troisième exemple est une vue panoramique du parc national de Dartmoor, dans le Devon, de John William Inchbold. Pour ce genre de scène, vous devez trouver un point de vue permettant de cadrer la composition, ce qu'Inchbold a fait grâce au grand rocher de gauche et au profond ravin de droite. Le ciel occupe environ un quart de la feuille, pour ne pas détourner notre attention du paysage rocailleux. La précision du détail n'est pas essentielle pour ce type de dessin : demandez-vous d'abord comment rendre l'atmosphère du lieu de manière juste.

CHOISIR SON FORMAT

Le premier format qui vient à l'esprit quand on parle de paysage est un long rectangle horizontal, couramment appelé « format paysage ». Cependant, en fonction du sujet choisi, le format portrait (vertical) se révèle parfois mieux adapté. Voici trois exemples de paysage au format portrait pour illustrer l'utilité de ce dernier.

Le dessin ci-dessus représente une allée bordée de murs et de grands arbres près de Florence, en Italie. L'intérêt du tableau réside dans l'effet de perspective du tunnel sinueux formé par les murs et les arbres. Lorsqu'on se trouve à cet endroit, on comprend immédiatement que le format portrait s'impose.

Le paysage ci-contre est beaucoup plus sélectif, dans la mesure où on a plutôt tendance à représenter les plages désertes au format panoramique. Ici, grâce au cadrage très serré, ce nuage majestueux devient le sujet principal. La mer et la plage occupent très peu d'espace, pour ne pas détourner l'attention. Pour une fois, le paysage ne s'intéresse pas au monde terrestre, mais aux éléments du ciel.

Ce paysage a été dessiné en fin de journée, alors que les bateaux et les arbres évoquaient un grand théâtre d'ombres chinoises sous la lumière du soleil couchant. L'accent n'est pas porté sur le lac, mais plutôt sur le soleil et les effets qu'il produit dans le ciel brumeux et sur l'eau. Le format portrait fonctionne ici comme une fenêtre centrée sur le soleil et ses reflets. Le bateau a ensuite été ajouté au centre du dessin à l'aide d'une représentation photographique, car ce genre de scène fugitive ne permet pas de réaliser un croquis détaillé.

LA VUE PANORAMIQUE

Cette vallée agricole du sud de Londres a été dessinée au XVIIIe siècle par le peintre britannique George Lambert, qui figure parmi les grands paysagistes. Il a choisi un format large pour donner un maximum de choses à voir, en se plaçant nettement en retrait de la scène. On observe même un autre artiste, devant lui, en train de dessiner le même paysage. Il fait de la colline le sujet central du dessin, grâce aux arbres de part et d'autre qui l'encadrent. Beaucoup d'artistes de l'époque réalisaient de vastes panoramas de ce type, puis les montraient au grand public en échange d'une petite somme d'argent.

Préparer un panorama

Avant d'entreprendre un projet de cette ampleur, assurez-vous que tout est bien préparé. Tout d'abord, choisissez une journée où la météo vous est favorable et trouvez un emplacement qui vous permettra d'embrasser tout le paysage du regard. Comme c'est un sujet qui vous prendra beaucoup de temps, vous pouvez décider d'y consacrer une bonne partie de votre journée ou de revenir plusieurs fois. Là encore, une série de photos vous aidera à compléter vos travaux une fois rentré chez vous.

Les projets de cette envergure demandent toujours beaucoup de travail, mais, si vous avez le courage de vous y atteler, vous apprendrez beaucoup de choses en assez peu de temps sur le dessin de paysages. Si l'endroit que vous voulez dessiner se trouve près de chez vous, visitez-le plusieurs fois afin de déterminer le moment où la lumière est la plus intéressante et l'endroit offrant le meilleur point de vue. Cela vous aidera aussi à vous familiariser avec les lieux et vous serez plus à l'aise lorsque vous vous installerez pour de bon, avec tout votre matériel de dessin.

LES ÉLÉMENTS DU PAYSAGE

L'EAU

L'eau introduit toujours une dimension supplémentaire dans un dessin, grâce aux reflets du ciel et du paysage, ainsi qu'à l'effet de lumière qu'elle produit. Vous avez peut-être la chance de vivre près de la mer, mais, si ce n'est pas le cas, les lacs et les rivières constituent des sujets tout aussi intéressants.

Dans le tableau ci-contre, les eaux de la cascade ne reflètent pas le ciel et le paysage, mais la lumière environnante. Le cadre choisi est un relief rocheux où une cascade se jette dans un bassin naturel au pied de l'image. La profondeur du relief laisse peu de place au ciel et, en dehors de l'herbe, il n'y a presque pas de végétation. En somme, ce dessin fait le portrait d'une cascade. L'eau est figurée en majeure partie par des zones parfaitement blanches et, pour réussir cet effet, il est nécessaire de bien travailler les valeurs du reste de l'image et les contrastes.

Ce dessin représente une crique sur le littoral du Suffolk, où plusieurs bateaux sont amarrés. Les bateaux du premier plan sont attachés à l'embarcadère, l'eau occupe le second plan et d'autres bateaux sont amarrés au loin, sur la rive opposée. Le ciel est dégagé, l'eau reflète cette lumière et seules quelques ondulations sont visibles dans le reflet des bateaux. Le temps est calme et il n'y a donc presque rien à voir en dehors du ciel et de la mer.

Le pont de Cookham, qui enjambe la Tamise, a été rendu célèbre par le peintre Stanley Spencer. Cette vue depuis la rive, sous le pont, met en évidence le reflet de ce dernier sur l'eau. Quelques barques occupent le premier plan et, sur la rive opposée, on aperçoit des bâtiments et des arbres. Dans le coin supérieur droit, les branches d'un saule pleureur surplombent la scène et brouillent les contours du pont à cette extrémité. La vaste étendue de ciel participe au grandiose du paysage.

Voici une autre vue sur la Tamise, dans le quartier londonien de Hammersmith, cette fois. Ce qui retient l'attention, ici, ce sont les maisons alignées qui disparaissent en suivant le cours d'eau et les reflets sombres le long du rivage.

LES ARBRES

Le prochain exercice consiste à étudier des arbres, car ils sont présents dans presque tous les paysages. Vous avez acquis les bases grâce aux exercices de la leçon 3. À présent, concentrez-vous sur deux ou trois espèces en particulier. Choisissez des arbres qui poussent près de chez vous et que vous pourrez aller observer régulièrement. Les trois exemples suivants, inspirés d'artistes du XIXe siècle, illustrent bien la force et la puissance que peuvent dégager des arbres bien dessinés.

John Constable dessinait dans la vallée de Dedham, dans le Suffolk. Avec ses branchages entrelacés et la texture de son feuillage dense, qui contraste avec la dureté des troncs, ce magnifique massif arboré est une leçon en soi. Copiez un dessin d'arbre de Constable pour découvrir certaines de ses techniques, puis essayez de dessiner des feuillages à sa façon.

Samuel Palmer dessinait des paysages du sud-est de l'Angleterre. Celui-ci représente une forêt de chênes et de hêtres. Il met en évidence la noblesse que dégage un tronc d'arbre de cette envergure, lorsqu'il est dessiné de façon expressive. En reproduisant cet exercice, vous apprendrez beaucoup de choses sur le dessin.

À présent, étudions ce dessin à l'aquarelle de Peter de Wint. L'artiste a commencé par peindre une masse de formes arrondies de couleur claire, puis a ajouté des valeurs de plus en plus foncées pour donner de la profondeur au paysage. Là encore, copiez cet exemple et appliquez ensuite la même technique pour dessiner d'autres arbres, d'après nature, cette fois.

LES PLANTES

Même si les plantes peuvent être représentées de façon schématique dans les paysages les plus vastes, vous aurez parfois besoin de les dessiner de façon plus détaillée, lorsqu'elles sont au premier plan d'une composition panoramique, par exemple, ou pour des études plus intimistes, en plan rapproché.

Ce petit coin de jardin envahi par de hautes herbes est un bon exemple d'étude de végétation, qui est un exercice obligé pour tout artiste. Si le rendu de cette végétation n'est pas correct et même s'il ne s'agit pas du sujet central de la composition, cela nuira au résultat final. Je vous conseille de faire plusieurs dessins de végétation foisonnante.

Ici, la tour et les quelques bâtiments qui s'élèvent dans la vallée sont vus derrière un rideau de plantes sauvages situées au premier plan. Les contours des plantes les plus proches de nous sont plus prononcés que ceux des bâtiments au loin, ce qui permet de projeter les plantes vers l'avant et de rejeter les bâtiments vers le fond de l'image.

Ce dessin étudie les plantes sauvages typiques des petits chemins de campagne. C'est un très bon exercice technique, même si vous n'avez pas l'intention d'inclure ces détails dans un paysage à plus grande échelle.

GUIDER LE REGARD

Voici trois exemples de paysage où un chemin ou un cours d'eau guide le regard, du premier plan vers le fond de l'image. C'est un procédé très efficace, souvent employé pour donner du relief à la scène.

Ce paysage de campagne de la région de Chianti, en Italie, montre un chemin qui serpente entre le vignoble et les fermes et disparaît entre les collines. Presque tous les points d'intérêt sont dans la partie de droite, mais ils forment une avancée horizontale, qui converge vers le chemin.

Ce paysage montre un canal de l'île de Burano, à Venise. De nombreuses gondoles encombrent les quais tandis qu'un clocher au loin domine la scène. Ici encore, notre regard suit le tracé du canal et les façades des maisons le long des quais.

Cette aquarelle de Peter de Wint représente un chemin menant à une ferme du comté de Warwick, située en contrebas. L'artiste semble être en haut d'une pente. Les grands massifs arborés permettent de bien cadrer l'image.

PAYSAGES PITTORESQUES

Certaines vues exercent un attrait particulier sur les artistes, qui sentent que la disposition des arbres, le relief, l'eau ou les constructions se prêteront bien à la représentation sur papier. Apprendre à identifier ces paysages est une étape essentielle.

Ces deux scènes sont faites pour être dessinées. La première est un dessin de Turner et nous montre un paysage qui semble s'être dissous dans la lumière du soleil. Le paysage se compose d'un bâtiment assez imposant, entouré de collines, mais l'éclat du soleil est tel que le sujet semble s'être fondu avec le reste du paysage. Les reflets sur le lac au pied du château semblent assez clairs, eux aussi, et c'est pourquoi ils sont représentés de manière floue. Bien sûr, Turner maîtrisait parfaitement cette technique et vous aurez du mal à parvenir à ce résultat, mais, si vous en avez l'occasion, essayez quand même. Le tout est de ne pas inclure trop de détails.

Ce paysage est situé près de Ripley, dans le Surrey. On y voit un prieuré en ruine et son reflet dans un cours d'eau, par un jour d'hiver dégagé. Les grands arbres permettent de bien cadrer les ruines et leurs reflets occupent une grande portion de la surface de l'eau. Les artistes sont souvent à la recherche de paysages pittoresques et romantiques tels que celui-ci.

ESPACES CIRCONSCRITS

Les deux exemples suivants sont des paysages urbains compris dans un périmètre restreint et défini par les éléments environnants. Le premier est un dessin du centre de Leicester Square, à Londres, de Charles Ginner (1912) ; le second est inspiré d'une peinture de William Ratcliffe présentant le parc de Clarence Gardens dans le nord de Londres et également datée de 1912. Ces deux peintres étaient associés au groupe de Camden Town, des postimpressionnistes britanniques du début du XXe siècle.

Les paysages urbains comme ceux-ci sont utiles à l'artiste, car le caractère clos de l'espace facilite ses choix en matière d'angle de vue et de largeur du champ.

L'angle d'éclairage influe aussi sur le point de vue, selon qu'on cherche un éclairage latéral, comme sur Leicester Square, ou à contre-jour, comme ci-dessous.

LE PAYSAGE, ÉTAPE PAR ÉTAPE

Choisir un lieu

La première chose à faire pour dessiner un paysage est de choisir un lieu. C'est parfois très facile. Il suffit que vous vous trouviez dans un endroit splendide et que vous ayez votre matériel de dessin sur vous pour que le choix s'impose de lui-même. Mais bien souvent, c'est l'inverse qui se produit : vous avez envie de dessiner un paysage, sans savoir lequel. Alors pourquoi ne pas le mettre en scène ?

Pour l'exercice que nous vous proposons de faire ici, prenez plusieurs croquis réalisés dans des lieux différents dans le but de les assembler pour créer une composition plus aboutie. Pour le paysage réalisé dans ces pages, des croquis réalisés en France et en Italie ont été sélectionnés, et une vue du célèbre jardin de Giverny a d'abord été dessinée, pour finalement être rejetée, parce que jugée trop conventionnelle.

Ensuite, en reprenant des croquis faits en Italie et en France, une vue sur une rivière et son rivage, avec des arbres au premier plan, a été réalisée. Toutefois, rien ne vaut le dessin d'après nature. Aussi, si vous en avez la possibilité, rendez-vous dans un coin de verdure qui vous plaît, si possible avec une grande variété de paysages, avec des lacs, des cours d'eau, des collines et de superbes arbres.

Les parcs ne sont pas vraiment des coins de nature sauvage, mais ils offrent souvent une diversité qui se prête à merveille au dessin paysager.

Esquisser sur place

Partez pour une longue promenade, équipé de votre matériel de dessin, en vous arrêtant de temps en temps pour dessiner ce qui se présente à vous, par exemple un lac aperçu entre de grands troncs d'arbres. Si c'est l'hiver, il ne reste déjà presque plus aucune feuille, mais les branches nues des arbres sont très intéressantes à dessiner.

Au cours d'une promenade, vous rencontrez parfois des zones dégagées, où le flanc d'une colline s'enfonce dans la forêt au loin. Réalisez une esquisse rapide et, si vous remarquez un détail particulier, comme un arbre tombé au sol et en décomposition, dessinez-le de loin, puis approchez-vous et faites-en le tour pour en faire une étude plus détaillée : cela sera parfait au premier plan de n'importe quel paysage.

Un lac dessiné d'un peu loin, et sans arbres pour barrer la vue, pourrait finalement servir de toile de fond. Un paysage hypothétique commence à prendre forme, sans que les choix soient vraiment arrêtés.

Si vous avez la chance d'apercevoir au loin un groupe de biches, dessinez-les. Elles pourraient bien devenir un des points centraux du tableau final.

Un arbre majestueux et quelques reflets dans l'eau méritent d'être dessinés eux aussi. Cependant, ne vous y attardez pas.

Un autre tronc d'arbre, un homme assis par terre et un banc en bois au sommet d'une colline pourront peut-être entrer dans la composition. Un splendide tronc d'arbre mort, fourchu, tortueux et doté de formes sculpturales pourra très bien trouver sa place au premier plan.

Étape 1

À ce stade, tous les éléments sont présents pour commencer la composition : un flanc de colline avec, au premier plan, le tronc d'arbre en décomposition et un peu plus loin probablement quelques biches. Autrement dit, le paysage sera en fait un patchwork de paysages. La première étape est l'esquisse de la scène, pour se faire une idée du résultat.

Étape 2

L'étape après l'esquisse est celle du dessin linéaire, qui va permettre de résoudre les problèmes de composition ou les difficultés techniques.

Étape 3

Après avoir procédé à toutes les corrections nécessaires, il faut s'occuper des textures et des valeurs, pour donner corps au paysage. Au départ, tenez-vous-en à une valeur aussi claire et uniforme que possible, au cas où vous auriez encore besoin de modifier certaines choses.

Étape 4

L'heure est venue de finaliser le tableau en tentant de recréer l'impression de profondeur et d'espace recherchée. Les biches se fondent presque dans le paysage mais constituent tout de même un point focal neutre. Le chemin qui mène au sommet de la colline guide le regard au centre de l'image tandis que la ligne d'horizon ondulée invite à faire le tour du paysage, jusqu'à l'arbre mort situé à gauche.

Le paysage est une discipline qui demande toujours beaucoup de temps et sachez que, chaque fois que vous sortirez pour dessiner, cela vous prendra une bonne partie de la journée. Si le dessin devient une passion pour vous, cela ne sera pas une contrainte et vous passerez de plus en plus de temps à dessiner les sujets qui vous plaisent. Surtout, persévérez dans ce sens jusqu'à atteindre un certain niveau d'expertise. Cependant, faites aussi l'effort de revenir aux sujets qui ne vous inspiraient pas jusqu'ici, car il se pourrait bien qu'ensuite vous développiez un goût pour ce qui au départ ne remportait pas votre intérêt.

L'artiste est capable de déceler un potentiel dans tout ce qui l'entoure. C'est pourquoi le dessin est une discipline très gratifiante une fois qu'on la maîtrise.